Sammlung Luchterhand 272

W0245550

Volker Schlöndorff
»Die Blechtrommel«
Tagebuch einer Verfilmung

Luchterhand

Frontispiz nach einer Radierung von Günter Grass
Fotos von Ulla Hübner, Karl Reiter, Volker Schlöndorff
und Ralf Tooten

Sammlung Luchterhand, April 1979
Lektorat: Klaus Roehler
Umschlag und Ausstattung von Martin Faust

© 1979 by Hermann Luchterhand Verlag GmbH & Co KG
Darmstadt und Neuwied
Gesamtherstellung bei der
Druck- und Verlags-Gesellschaft mbH, Darmstadt
ISBN 3-472-61272-X

Inhalt

Der Roman »Die Blechtrommel«

FRITZ J. RADDATZ
»DIE BLECHTROMMEL«
Eine Besprechung nach zwanzig Jahren

Nun wird er verfilmt – und wird ein ganz neues, anderes Publikum anlocken, eine neue Generation seit dem Erscheinen 1959: dieser Gaurisankar von Roman (der in einer Gesamtauflage von knapp 3 Millionen Exemplaren in 20 Sprachen übersetzt wurde), den Hans Magnus Enzensberger das Werk eines Prosaschriftstellers ersten Ranges nannte, der die Aufmerksamkeit des Auslands erstmals nach dem Krieg wieder auf die deutsche Literatur lenkte. (Das US-Magazin »Time« schrieb 1970 in seiner ersten Titelstory, die es einem deutschen Nachkriegsautor widmete: »Mit 42 sieht Grass wohl nicht so aus wie der größte lebende Romancier der Welt oder Deutschlands, aber er mag beides durchaus sein.« »Le nouveau Céline allemand« nannte ihn die französische Kritik.) Und der ein zutiefst deutsches Buch ist. Unabhängiges Chaos von Phantasie und strotzende Sprachkraft, barocke Sinnenlust und abwägende politische Vernunft sind zusammengefügt zu einem einmaligen Kunstbau. Ein deutscher Entwicklungsroman, gewiß. Aber die hießen »Simplicissimus« oder »Wilhelm Meister«, »Der grüne Heinrich« oder »Buddenbrooks«; der Name der Helden gab den Titel. Es ist kein Zufall, daß zum erstenmal ein *Gerät* das Individuum aus dem Buchtitel verdrängte, ein gemeinhin martialisches noch dazu. Grass' Buch, das nicht »Der Blechtrommler« heißt, ist ein Anti-Entwicklungsroman. Historie, nicht Psyche.

Oskar Matzerath, entsprungen den kaschubischen Kartoffeläckern – dort, wo seine Großmutter Anna Bronski, spätere Koljaiczek, in den vierfach übereinandergetürmten Röcken hockte, unter die einer floh, der selbigen Ortes familiengründend tätig wurde –, Oskar Matzerath also beschloß, vom dritten Lebensjahr an nicht mehr zu wachsen. Der Gnom, das Murkel, die Mißgeburt: Oskar, der zwar klein bleibt, aber rasch einen großen Verstand und bald auch ein anderes großes Körperteil hat, sieht die Welt aus einer Perspektive, die sie nicht verzerrt, sondern ins Lot rückt. Der Blick von unten entkleidet die Erwachsenen aller Würde, wird ihnen gerecht, indem er ihr Unrecht, ihre Ungerechtigkeit wahrnimmt.

Verweigerung (erwachsen zu werden) als Kraftakt mit der besonderen artistischen Pointe, daß der Held eines Romans nicht spricht.
Die eigenwillige Konstruktion des Buches, eine moderne Variante
des pikaresken Romans, läßt eine Entwicklung abweisende Figur
durch die Verwucherungen der Geschichte wandern. Sie zeckt sich
ein und klinkt sich aus, ein Zirkuszwerg, der sich mit der Welt
nicht durch Sprache, sondern mit seiner Trommel »verständigt«.
Eine Larve, die entlarvt.
Das Geniale des Buches – ein Episodenroman ohne Fabel – besteht
darin, daß es Lehrbuch und Spielbuch und Märchenbuch in einem
ist. Das hat die erneute Lektüre nach vielen Jahren erwiesen, und
das gibt ihm seinen sehr berechtigten Platz auf dieser Liste von
Lektürevorschlägen: Ob deftig oder traurig, ob erschreckend oder
den Schrecken erklärend, ob potent oder bizarr – dieser aus phan-
tasmagorischen Kaskaden sich ergießende surreale Bilderbogen
hört nie, auf keiner Seite, auf, vergnüglichen Spaß zu bereiten.
Ähnlich dem Spaß, den der Kretin bei Rasputin, seinem ersten
»Bildungserlebnis« empfand: »Rasputins Tod ging mir nach: Man
hat ihn mit vergifteter Torte, vergiftetem Wein vergiftet, dann, als
er mehr von der Torte wollte, mit Pistolen erschossen, und als ihn
das Blei in der Brust tanzlustig stimmte, gefesselt und in einem
Eisloch der Newa versenkt. Das taten alles männliche Offiziere.
Die Damen der Metropole Petersburg hätten ihrem Väterchen
Rasputin niemals giftige Torte, sonst aber alles gegeben, was er von
ihnen verlangte. Die Frauen glaubten an ihn, während die Offiziere
ihn erst aus dem Weg räumen mußten, um wieder an sich selbst
glauben zu können.«
Und ist doch alles von großem Ernst. Oskar berichtet von einem,
der Oskar heißt – und erzählt zugleich als ich, Oskar. Dieser
merkwürdige Kunstgriff spaltet Erfahrung, gibt mal flirrende Iro-
nie preis und gleich wieder düsteren Bericht; vom Überfall auf
Polen, das Grass liebt und dem mitunter die schönsten Wortset-
zungen gewidmet sind: »Während man hierzulande das Land der
Polen mit der Seele sucht – halb mit Chopin, halb mit Revanche im
Herzen –, während sie hier die erste bis zur vierten Teilung
verwerfen und die fünfte Teilung Polens schon planen, während sie
mit Air France nach Warschau fliegen und an jener Stelle bedauernd ein Kränzchen hinterlegen, wo einst das Ghetto stand, während man von hier aus das Land der Polen mit Raketen suchen
wird, suche ich Polen auf meiner Trommel und trommle: Verloren,
noch nicht verloren, schon wieder verloren, an wen verloren, bald

verloren, bereits verloren, Polen verloren, alles verloren, noch ist Polen nicht verloren«; von der Feigheit und dem Versagen derer, die dann gegen Aussiedlertransporte protestierten: »Zwei Frauen mit sechs Kindern wurden noch in den Waggon eingewiesen. Der Sozialdemokrat soll dagegen protestiert haben, weil er krank war und als Sozialdemokrat von vor dem Kriege her Sonderbehandlung verlangte. Aber der polnische Offizier, der den Transport leitete, ohrfeigte ihn, als er nicht Platz machen wollte, und gab in recht fließendem Deutsch zu verstehen, daß er nicht wisse, was das bedeute, Sozialdemokrat. Er habe sich während des Krieges an verschiedenen Orten Deutschlands aufhalten müssen, während der Zeit sei ihm das Wörtchen Sozialdemokrat nie zu Gehör gekommen«; oder von etwas, das »Nachfolge Christi« benannt wird und in dem der Katholik Grass eine Scham über eben diese Nachfolger so behutsam wie eindringlich vorträgt. In diesem schrecklich-schönen Kapitel (doch, das gibt es!), in dem Oskar seine Blechtrommel dem Jesusknaben der Herz-Jesu-Kirche leiht, und der wirbelt nun wirklich, »was damals in aller Leute Mund war, ›Es geht alles vorüber‹, natürlich auch ›Lili Marlen‹«, und der fragt schließlich herrisch: »Liebst du mich, Oskar?«, in diesem Kapitel voll Bizarrerie und voller katholischer und nichtkatholischer Wunder heißt es dann schließlich: »Es war früher Abend. Die Ostarbeiterinnen auf dem Bahndamm waren weg.«

Das wäre nicht genug? Doch, das ist genug – und diese traurige Schönheit gilt es, sich zu erarbeiten. Hier wird keine »Faschismustheorie hinterfragt« und werden nicht die »relevanten sozio-ökonomischen Strukturen der Restauration der Adenauer-Ära bloßgelegt«: Hier taumelt ein bucklicht Männlein, ein Däumling, ein Jonas ohne Wal durch den Irrwitz dessen, was wir uns angewöhnt haben, Geschichte zu nennen, und da zischt das Brausepulver im Bauchnabel einer Maria, die bei diesem Spiel schließlich schwanger wird; und da frißt eine, die gerne mit zwei Männern lebte, aus Ekel vor den aasfressenden Aalen sich an Aalen in Öl zu Tode; und da beginnt der Krieg mit dem Zerstören der polnischen Post (also mit dem Zerstören der Kommunikation zwischen den Menschen), aus der sie schließlich Oskars zweiten, den polnischen Vater abführen zum Erschießen; und da kommt Oskars dritter Trommelstock bei Frau Gemüseladeninhaber Lina Greff zu Ehren – »Ach du best es, Oskarchen. Na komm beßchen näher und wenn de willst inne Federn, weil kalt is inne Stube und der Greff nur janz mies jehaizt hat!« –; aber der Greff, wo nich jehaizt hat, hängt inzwischen im

Keller, denn er liebte die Damen nicht so sehr und das durfte man damals nicht, und so wog er sich auf, in seiner Pfadfinderuniform, gegen fünfundsiebzig Kilo Kartoffeln, weniger 100 Gramm.

Dieser Tod am Schwebebalken der Händlerwaage ist in seiner entsetzlichen Choreographie Leitmotiv von Grass' erstem Roman – und wird es bleiben sein Werk hindurch. Grass weiß, daß die Narrenkappe seiner Dichtung auch Tarnkappe ist; durch sie hindurch – denn er leiht sie dem Leser – kann man erblicken, mit welch Scheußlichkeit und Schönheit, Gemeinheit und Erhabenheit wir Menschen uns in einer gemäßen Welt eingerichtet haben. Wem gemäß?

Die Zeit, 12. 1. 1979

HANS MAGNUS ENZENSBERGER
WILHELM MEISTER, AUF BLECH GETROMMELT

Wenn es noch Kritiker in Deutschland gibt, wird »Die Blechtrommel«, der erste Roman eines Mannes namens Günter Grass, Schreie der Freude und der Empörung hervorrufen. Grass, ein Mann von zweiunddreißig Jahren, geboren in Danzig, wohnhaft in Paris, Vater von Zwillingen, Zeichner, Bildhauer, Bühnenbildner, Dramatiker und Gedichteschreiber, war bisher nur den Lesern literarischer Revuen und den Besuchern von Studiobühnen bekannt. Mit einer gewissen Ratlosigkeit und Unruhe, die seine Produkte unweigerlich hervorriefen, konnte man fertigwerden, indem man Grass einen »jungen Autor« nannte und sich darauf einigte, ihn unter der unverbindlichen Rubrik »vielversprechendes Talent« abzuheften. Damit ist es nun vorbei. Mit seinem drei Bücher, sechsundvierzig Kapitel und 750 Seiten schweren Roman hat sich Grass einen Anspruch darauf erworben, entweder als satanisches Ärgernis verschrien oder aber als Prosaschriftsteller ersten Ranges gerühmt zu werden. Unserm literarischen Schrebergarten, mögen seine Rabatten sich biedermeierlich oder avanciert-tachistisch geben, zeigt er, was eine Harke ist. Dieser Mann ist ein Störenfried, ein Hai im Sardinentümpel, ein wilder Einzelgänger in unserer domestizierten Literatur, und sein Buch ist ein Brocken wie Döblins »Berlin Alexanderplatz«, wie Brechts »Baal«, ein Brocken, an dem Rezensenten und Philologen mindestens ein Jahrzehnt lang zu würgen haben, bis es reif zur Kanonisation oder zur Aufbahrung im

Schauhaus der Literaturgeschichte ist. »Die Blechtrommel« ist die Lebensgeschichte eines gewissen Oskar Matzerath, welche dieser, ein Zwerg, ein Krüppel, ein Paranoiker, eine phantastische Ausgeburt des zwanzigsten Jahrhunderts, in der Heil- und Pflegeanstalt, wo er seinen dreißigsten Geburtstag feiert, selber niederschreibt. »Niemand sollte sein Leben beschreiben, der nicht die Geduld aufbringt, vor dem Datieren der eigenen Existenz wenigstens der Hälfte seiner Großeltern zu gedenken«, das ist Oskars Meinung, und so stellt er uns seine Großmutter vor: »Meine Großmutter Anna Bronski saß an einem späten Oktobernachmittag in ihren Röcken am Rande eines Kartoffelackers ... Man schrieb das Jahr neunundneunzig, sie saß im Herzen der Kaschubei, nahe bei Bissau, noch näher der Ziegelei, vor Ramkau saß sie, hinter Viereck, in Richtung der Straße nach Brenntau, zwischen Darschau und Karthaus, den schwarzen Wald Goldkrug im Rücken saß sie und schob mit einem an der Spitze verkohlten Haselstock Kartoffeln unter die heiße Asche ... An jenem Oktobernachmittag des Jahres neunundneunzig, während in Südafrika Ohm Krüger seine buschig englandfeindlichen Augenbrauen bürstete, wurde zwischen Dirschau und Karthaus, nahe der Ziegelei Bissau, unter vier gleichfarbigen Röcken, unter Qualm, Ängsten, Seufzern, unter schrägem Regen und leidvoll betonten Vornamen der Heiligen, unter den einfallslosen Fragen und rauchgetrübten Blicken zweier Landgendarmen vom kleinen, aber breiten Joseph Koljaiczek meine Mutter Agnes gezeugt.« Oskar selbst »erblickte das Licht dieser Welt in Gestalt zweier Sechzig-Watt-Glühbirnen ... Bis auf den obligaten Dammriß verlief meine Geburt gut. Mühelos befreite ich mich aus der von Müttern, Embryonen und Hebammen gleichviel geschätzten Kopflage ... Ich gehörte zu den hellhörigen Säuglingen, deren geistige Entwicklung schon bei der Geburt abgeschlossen ist und sich fortan nur noch bestätigen muß.«

Als Dreijähriger beschließt Oskar, seinem Wachstum ein Ende zu machen und sich eine weißrot geflammte Blechtrommel zu verschaffen. Auf dieses Instrument, dem er sein Leben lang die Treue hält, dem er nie wieder entsagen kann, verwendet das junge Monstrum seine nicht geringen Geisteskräfte. Das alberne blecherne Spielzeug wird ihm zum Inbegriff der Kunst, einer wehr- und hilflosen, infantilen, destruktiven Kunst: doch er bringt es weit in ihr, geht mit seiner Trommel gegen Gott und die Welt an und bleibt, traurig zwar und jenseits aller Hoffnung, doch bis zum Ende unbesiegt wie David, dessen Schleuder ja auch nichts weiter war als ein Kinderspielzeug. Noch dem Idioten, der in seinem Anstaltsbett seine Biographie zu Papier bringt, dient die Blechtrommel dazu, das Vergangene zu beschwören. Da sitzt er, der wüste Laurin, und trommelt uns sein ungeheuerliches Leben vor. Er berichtet, wie er seine Mutter und seine beiden mutmaßlichen Väter ins Grab bringt, schildert seinen Bildungsweg mit den beiden Hauptstationen Goethe und Rasputin und erspart uns keine von den scheußlichen Wahrheiten der Kindheit. Oskar zersingt Fensterscheiben, zeugt ein Kind mit seiner späteren Stiefmutter, so daß sein Sohn als sein Halbbruder zur Welt kommt; Oskar soll abgespritzt werden als unnützter Fresser, Oskar wird Artist beim Fronttheater, Oskar bildet sich ein, Jesus Christus zu sein; Oskar übersteht den Krieg und den Frieden, meißelt Grabsteine, steht Modell, spielt in einer Jazzkapelle, findet einen abgerissenen Finger, gerät unter Mordverdacht und endet im Irrenhaus.

»Es gibt Dinge auf dieser Welt, die man – so heilig sie sein mögen – nicht auf sich beruhen lassen darf«, bemerkt der Held dieser Lebensgeschichte an einer Stelle. Profan oder heilig – Oskar läßt in der Tat nichts unerzählt auf sich beruhen. Seinen Erlebnissen wird kein Resumé gerecht. »Die Blechtrommel« kennt keine Tabus. Gewalttätig wirkt dieser Roman, weil er alles berührt, als wäre es antastbar. Eine seiner beklemmendsten Szenen schildert ein von Aalen wimmelndes Pferdeaas, das auf der Hafenmole von Neufahrwasser aus dem Meer gefischt wird. Immer wieder tritt die Erzählung in jene verbotene Sphäre ein, wo sich Ekel und Sexualität, Tod und Blasphemie begegnen. Was Grass in dieser Hinsicht einerseits von aller Pornographie trennt, andrerseits von dem sogenannten »schonungslosen Realismus« der amerikanischen Schule unterscheidet, was seine brüsken Eingriffe legitimiert, ja zu künstlerischen Ruhmestaten macht, das ist die vollkommene Unbefangenheit, mit der er sie vornimmt. Grass jagt nicht, wie Henry Miller, hinter dem Tabu her: er bemerkt es einfach nicht. Zu Unrecht wird man ihn der Provokation verdächtigen. Er ist dem Skandal weder aus dem Weg gegangen, noch hat er ihn gesucht; aber gerade dies wird ihn hervorrufen, daß Grass kein schlechtes Gewissen hat, daß für ihn das Schockierende zugleich das Selbstverständliche ist. Dieser Autor greift nichts an, beweist nichts, demonstriert nichts, er hat keine andere Absicht, als seine Geschichte mit der größten Genauigkeit zu erzählen. Diese Absicht setzt er freilich um jeden Preis und ohne die geringste Rücksicht durch. Der Skandal, der darin liegt, ist letzten Endes an keinen Stoff gebunden: er ist der

Skandal der realistischen Erzählweise überhaupt.

Günter Grass ist ein Realist. Was sich als Amoklauf einer aberwitzigen Imagination ausnimmt, wenn man den Inhalt seines Romans an den Fingern herzählt, das wird in seinem Mund nicht nur glaubwürdig: es leuchtet derart ein, daß sich kein Zweifel mehr regt. Dieser Autor verbeißt sich, wie sein Held, in die »verdammten Flecken« der Wirklichkeit dergestalt, daß seine phantastische Fiktion den Geist des Ungefähren aufgibt, daß noch die Obsession zur unwiderlegbaren Evidenz wird. Was ein so beschaffener Realismus leistet, zeigt sich beispielsweise an der zeitgeschichtlichen Grundierung des Romans. Ich kenne keine epische Darstellung des Hitlerregimes, die sich an Prägnanz und Triftigkeit mit der vergleichen ließe, welche Grass, gleichsam nebenbei und ohne das mindeste antifaschistische Aufheben zu machen, in der »Blechtrommel« liefert. Grass ist kein Moralist. Fast unparteiisch schlitzt er die »welthistorischen« Jahre zwischen 1933 und 1945 auf und zeigt ihr Unterfutter in seiner ganzen Schäbigkeit.

Seine Blindheit gegen alles Ideologische feit ihn vor einer Versuchung, der so viele Schriftsteller erliegen, der nämlich, die Nazis zu dämonisieren. Grass stellt sie in ihrer wahren Aura dar, die nichts Luziferisches hat: in der Aura des Miefs. Nichts bleibt hier von dem fatalen Glanz übrig, den gewisse Filme, angeblich geschaffen, um unserer Vergangenheit »mutig zu Leibe zu rücken«, über die ss-Uniform werfen. WHW, BDM, KDF, aller höllischen Größe bar, erscheinen als das, was sie waren: Inkarnationen des Muffigen, des Mickrigen und des Schofeln. Wenn Alfred Matzerath, einer von Oskars mutmaßlichen Vätern, beim Einmarsch der Russen und aus Angst vor ihnen sein Parteiabzeichen verschluckt und daran erstickt, so stirbt mit ihm noch einmal das Dritte Reich, so wie es gelebt hat. Bösartiger und vernichtender kann keiner darüber schreiben als Grass, der gar nicht ausgezogen ist, es zu vernichten, der nur kalt und genau erzählt, wie es war, weil das zu seiner Geschichte gehört.

In der Tat ist »Die Blechtrommel« unter anderem auch ein historischer Roman aus dem zwanzigsten Jahrhundert, eine Saga der untergegangenen Freien Stadt Danzig, eine poetische Rettung jener kleinen Welt, in der Deutsche und Polen, Juden und Kaschuben zusammenlebten, vor dem Vergessenwerden. Freilich eine Rettung von andrer Art als derjenigen, an welcher Flüchtlingstreffen häkeln. Auch in dieser Hinsicht nimmt Grass kein Blatt vor den Mund: »Neuerdings sucht man das Land der Polen mit Krediten, mit der Leica, mit dem Kompaß, mit Radar, Wünschelruten und Delegierten, mit Humanismus, Oppositionsführern und Trachten einmottenden Landsmannschaften. Während man hierzulande das Land der Polen mit der Seele sucht – halb mit Chopin, halb mit Revanche im Herzen – während sie hier die erste bis zur vierten Teilung verwerfen und die fünfte Teilung Polens schon planen, während sie mit Air France nach Warschau fliegen, und an jener Stelle bedauernd ein Kränzchen hinterlegen, wo einst das Ghetto stand, während man von hier aus das Land der Polen mit Raketen suchen wird, (sucht Oskar) Polen auf seiner Trommel und trommelt: Verloren, noch nicht verloren, schon wieder verloren, an wen verloren, bald verloren, bereits verloren, Polen verloren, alles verloren, noch ist Polen nicht verloren.«

»Die Blechtrommel« ist ein historischer Roman aus dem zweiten Viertel unseres Jahrhunderts. Die einzigen schwachen Partien des Buches sind die, wo seine Handlung in die Gegenwart ragt. Ihr ist mit der bösartigen Neutralität des Epikers nicht beizukommen, sie verlangt Parteinahme und erzwingt die Satire. Ein Kapitel wie das vom »Zwiebelkeller«, das den meisten deutschen Autoren Ehre machen würde, wirkt bei Grass bereits schwach. Es fehlt ihm der moralische Instinkt des wahren Satirikers sowie dessen absurde Hoffnung, es sei am Zustand der Welt etwas zu ändern.

»Die Blechtrommel« ist ein Entwicklungs- und Bildungsroman. Strukturell zehrt das Buch von den besten Traditionen deutscher Erzählprosa. Es ist mit einer Sorgfalt und Übersichtlichkeit komponiert, wie man sie von den Klassikern her kennt. Herkömmlich ist auch die hochgradige Verknüpfung der Handlung und der Motive. Der Autor zeigt eine Beherrschung seines Metiers, die nachgerade altmodisch erscheint, wenn er seinen Text so weit integriert, daß kaum ein Faden fallengelassen, kaum ein Leitmotiv ungenutzt bleibt. Vor den Forderungen des Handwerks beweist Grass, was man ihm sonst nicht nachsagen kann: Respekt. Dazu gehört, daß er über das, wovon er schreibt, genauestens Bescheid weiß. Wie es in einer Volksschule aussieht und riecht, wie vor fünfzig Jahren die Flößer zwischen Weichsel, Bug und Dnjepr gelebt und gearbeitet haben, wie es ist, in einer Hafenkneipe zu kellnern oder eine Kolonialwarenhandlung zu führen, wie es in einer Irrenanstalt zugeht und wie in der Werkstatt eines Steinmetzen: da ist kein Detail, auf das es dem Erzähler nicht ankäme. Er weiß, wovon er redet, und mehr, als er sagt.

Grass bedient sich also eines traditionellen Romanmusters und übt einige traditionelle Tugenden des Romanciers. Wieder einmal sind die Theorien von der Krise des Romans, vom Ende der Fabel, von der Auflösung der Figuren Lügen gestraft. Grass kann ohne sonderliche Mühe auf die neuesten literarischen Konventikel, die Schule des »nouveau roman«, die »beat generation«, und ihre erzählerischen Schnittmusterbogen verzichten. Auch die Tradition benutzt er ja, indem er sie gleichzeitig unterwandert und verwirft. Seine Sprache richtet sich dieser Autor selber zu. Und da herrscht kein Asthma und keine Unterernährung, da wird aus dem vollen geschöpft und nicht gespart. Diese Sprache greift heftig zu, hat Leerstellen, Selbstschüsse, Stolperdrähte, ist zuweilen salopp, ungeschliffen, ist weit entfernt von ziselierter Kalligraphie, von feinsinniger Schönschrift, aber noch weiter vom unbekümmerten Drauflos des Reporters. Sie ist im Gegenteil von einer Formkraft, einer Plastik, einer überwältigenden Fülle, einer innern Spannung, einem rhythmischen Furor, für die ich in der deutschen Literatur des Augenblicks kein Beispiel sehe. Dieser rasende Artist macht immer neue formale Erfindungen, komponiert im ersten Kapitel ein syntaktisches Ballett, im sechzehnten ein ergreifendes Fugato, nimmt hier die Form der Litanei auf, verklammert dort den Bau der Erzählung mit rondoartigen Reprisen, bedient sich virtuos des Ganoventons, der den Wechsel zwischen der ersten und dritten Person erlaubt, und beutet Sprachschichten und Tonfälle vom Papierdeutsch bis zum Rotwelsch, vom Gemurmel des Dialekts bis zum Rosenkranz der Ortsnamen, vom Argot der Skatbrüder bis zur Sachlichkeit der Krankengeschichte aus. Grass macht seine artistischen Funde und Erfindungen nicht um ihrer selbst willen, sondern um der ungeheuerlichen Fülle seiner Einfälle Herr zu werden, um, was er zu erzählen hat, gut, deutlich, so deutlich zu sagen, daß es das Gedächtnis besetzt. Wie man von gewissen Stoffen behauptet, sie seien blutbildend, in eben demselben Sinn kann man von dem Roman »Die Blechtrommel« sagen, er sei weltbildend. Er verändert die Sehweise des Lesers. Wer die Welt in diesem Buch, eingefangen wie eine Bestie, betrachtet hat, erkennt ihr anarchisches Gesicht vor seiner Haustür wieder. In der Tat hat zwar das Buch Gesetze (und hält diese Gesetze ein), nicht aber die Welt, von der es erzählt. Sie ist wild und blind.

Fern sind Wilhelm Meister und der grüne Heinrich, die edlen Jünglinge. Ihr später Nachfahr, Oskar Matzerath, Blechtrommler, Krüppel, Idiot, ist ein Kind seines Jahrhunderts, wie sie des ihren. Er erzählt nicht nur seine eigne Geschichte, er ist auch ein Mund-

stück der unsern. »It is a tale told by an idiot, full of sound and fury, signifying nothing.« Oskar drückt es anders aus, wenn er in jenem Liedchen, mit dem er sich von seinen Lesern verabschiedet, den Schatten zitiert, der immer schon da war und der ihn und uns nicht mehr verlassen wird: »Du bist schuld und du bist schuld und du am allermeisten. Ist die Schwarze Köchin da? Jajaja!«
Erste Veröffentlichung: Süddeutscher Rundfunk Stuttgart, 18. 11. 1959.

GÜNTER GRASS
RÜCKBLICK AUF »DIE BLECHTROMMEL«
ODER
DER AUTOR ALS FRAGWÜRDIGER ZEUGE

Im Frühjahr und Sommer 1952 machte ich eine Autostopreise kreuz und quer durch Frankreich. Ich lebte von nichts, zeichnete auf Packpapier und schrieb ununterbrochen: Sprache hatte mich als Durchfall erwischt. Neben (ich glaube) reichlich epigonalen Gesängen über den entschlafenen Steuermann Palinurus entstand ein langes und auswucherndes Gedicht, in dem Oskar Matzerath, bevor er so hieß, als Säulenheiliger auftrat.

Ein junger Mann, Existentialist, wie es die Zeitmode vorschrieb. Von Beruf Maurer. Er lebte in unserer Zeit. Wild und eher zufällig belesen, geizte er nicht mit Zitaten. Noch bevor der Wohlstand ausbrach, war er des Wohlstandes überdrüssig: schier verliebt in seinen Ekel. Deshalb mauerte er inmitten seiner Kleinstadt (die namenlos blieb) eine Säule, auf der er angekettet Stellung bezog. An langer Stange versorgte ihn seine schimpfende Mutter mit Mahlzeiten im Henkelmann. Ihre Versuche, ihn zurückzulocken, wurden von einem Chor mythologisch frisierter Mädchen unterstützt. Um seine Säule kreiste der Kleinstadtverkehr, versammelten sich Freunde und Gegner, schließlich eine aufblickende Gemeinde. Er, der Säulenheilige, allem enthoben, schaute herab, wechselte gelassen Stand- und Spielbein, hatte seine Perspektive gefunden und reagierte metapherngeladen.

Dieses lange Gedicht war schlecht gelungen, ist irgendwo liegengeblieben, hat sich mir nur in Bruchstücken erhalten, die allenfalls zeigen, wie stark ich gleichzeitig von Trakl und Apollinaire, von Ringelnatz und Rilke, von miserablen Lorca-Übersetzungen beein-

flußt gewesen bin. Interessant alleine blieb die Suche nach einer
entrückten Perspektive: der überhöhte Standpunkt des Säulenheili-
gen war zu statisch. Erst die dreijährige Größe des Oskar Matzerath bot gleichzeitig Mobilität und Distanz. Wenn man will, ist
Oskar Matzerath ein umgepolter Säulenheiliger.

Noch im Spätsommer des gleichen Jahres, als ich mich, aus Süd-
frankreich kommend, über die Schweiz in Richtung Düsseldorf
bewegte, traf ich nicht nur zum erstenmal Anna, sondern wurde
auch, durch bloße Anschauung, der Säulenheilige abgesetzt. Bei
banaler Gelegenheit, nachmittags, sah ich zwischen Kaffee trinken-
den Erwachsenen einen dreijährigen Jungen, dem eine Blechtrommel anhing. Mir fiel auf und blieb bewußt: die selbstvergessene
Verlorenheit des Dreijährigen an sein Instrument, auch wie er
gleichzeitig die Erwachsenenwelt (nachmittäglich plaudernde Kaf-
feetrinker) ignorierte.

Gute drei Jahre lang blieb diese »Findung« verschüttet. Ich zog von
Düsseldorf nach Berlin um, wechselte den Bildhauerlehrer, traf
Anna wieder, heiratete im Jahr drauf, holte meine Schwester, die
sich verrannt hatte, aus einem katholischen Kloster, zeichnete und
modellierte vogelartige Gebilde, Heuschrecken und filigrane Hüh-
ner, verunglückte an einem ersten längeren Prosaversuch, der »Die
Schranke« hieß und dem Kafka das Muster, die Frühexpressioni-
sten den Metaphernaufwand geliehen hatten, schrieb dann erst,
weil weniger angestrengt, die ersten lockeren Gelegenheitsgedichte,
zeichnend geprüfte Gebilde, die vom Autor Abstand nahmen und
jene Selbständigkeit gewannen, die Veröffentlichung erlaubt: »Die
Vorzüge der Windhühner«, mein erstes Buch.

Mit solchem Gepäck – gestauter Stoff, ungenaue Vorhaben und
präziser Ehrgeiz: ich wollte meinen Roman schreiben, Anna suchte
ein strengeres Ballettexercise – verließen wir Anfang 1956 mittellos,
aber unbekümmert Berlin und zogen nach Paris. In der Nähe vom
Place Pigalle fand Anna in Madame Nora eine gestrenge russische
Ballettmutter; ich begann, noch während ich an dem Theaterstück
»Die bösen Köche« feilte, mit der ersten Niederschrift eines Romans, der wechselnde Arbeitstitel trug: »Oskar der Trommler«,
»Der Trommler«, »Die Blechtrommel«. Und hier genau sperrt sich
meine Erinnerung. Zwar weiß ich, daß ich mehrere Pläne, den
gesamten epischen Stoff raffend, grafisch entworfen und mit Stich-
worten gefüllt habe, doch diese Pläne hoben sich auf und wurden,
bei fortschreitender Arbeit, entwertet.

Doch auch die Manuskripte der ersten und zweiten Fassung,

17

schließlich der dritten, fütterten jenen Heizungsofen in meinem Arbeitsraum, von dem noch die Rede sein wird.

Mit dem ersten Satz: »Zugegeben: ich bin Insasse einer Heil- und Pflegeanstalt ...« fiel die Sperre, drängte Sprache, liefen Erinnerungsvermögen und Fantasie, spielerische Lust und Detailobzession an langer Leine, ergab sich Kapitel aus Kapitel, hüpfte ich, wo Löcher den Fluß der Erzählung hemmten, kam mir Geschichte mit lokalen Angeboten entgegen, sprangen Döschen und gaben Gerüche frei, legte ich mir eine wildwuchernde Familie zu, stritt ich mit Oskar Matzerath und seinem Anhang um Straßenbahnen und deren Linienführung, um gleichzeitige Vorgänge und den absurden Zwang der Chronologie, um Oskars Berechtigung, in erster oder dritter Person zu berichten, um seinen Anspruch, einen Sohn zeugen zu wollen, um seine wirklichen Verschuldungen und um seine fingierte Schuld.

So ist mein Versuch, ihm, dem Einzelgänger, ein boshaftes Schwesterchen zuzuschreiben, an Oskars Einspruch gescheitert; es mag sein, daß die verhinderte Schwester später als Tulla Pokriefke auf ihrem literarischen Existenzrecht bestanden hat.

Viel genauer als an Schreibvorgänge erinnere ich mich an meinen Arbeitsraum: ein feuchtes Loch zu ebener Erde, das mir als Atelier für angefangene, doch, seit Beginn der Blechtrommelniederschrift, bröckelnde Bildhauerarbeiten diente. Gleichzeitig war mein Arbeitsraum Heizkeller unserer darüber liegenden winzigen Zweizimmerwohnung. In den Schreibvorgang war meine Tätigkeit als Heizer verzahnt. Sobald die Manuskriptarbeit ins Stocken geriet, ging ich aus einem Kellerverschlag des Vorderhauses mit zwei Eimern Koks holen. In meinem Arbeitsraum roch es nach Mauerschwamm und anheimelnd gasig. Rinnende Wände hielten meine Vorstellung in Fluß. Die Feuchte des Raumes mag Oskar Matzeraths Witz gefördert haben.

Einmal im Jahr, während der Sommermonate durfte ich, weil Anna Schweizerin ist, ein paar Wochen lang in freier Luft im Tessin schreiben. Dort saß ich unter einer Weinlaubpergola an einem Steintisch, schaute auf die flimmernde Kulissenlandschaft der südlichen Region und beschrieb schwitzend die vereiste Ostsee.

Manchmal, um die Luft zu wechseln, kritzelte ich Kapitelentwürfe in Pariser Bistros, wie sie in Filmszenen konserviert sind: zwischen tragisch-verschlungenen Liebespaaren, alten, in ihren Mänteln versteckten Frauen, Spiegelwänden und Jugendstilornamenten etwas über Wahlverwandtschaften: Goethe und Rasputin.

Und dennoch muß ich während der gleichen Zeit kräftig gelebt, fürsorglich gekocht und aus Freude an Annas Tanzbeinen bei jeder sich bietenden Gelegenheit getanzt haben, denn im September 1957 – ich steckte inmitten der zweiten Niederschrift – wurden unsere Zwillingssöhne Franz und Raoul geboren. Kein Schreib-, nur ein finanzielles Problem. Schließlich lebten wir von genau eingeteilten 300,– DM im Monat, die ich wie nebenbei verdiente.

Manchmal glaube ich, daß mich die bloße, doch Vater und Mutter grämende Tatsache, kein Abitur gemacht zu haben, geschützt hat. Denn mit Abitur hätte ich sicher Angebote bekommen, wäre ich Nachtprogramm-Redakteur geworden, hätte ich ein angefangenes Manuskript in der Schublade gehütet und als verhinderter Schriftsteller wachsenden Groll auf all jene gehortet, die auf freier Wildbahn so vor sich hin schrieben, und der himmlische Vater nährte sie doch.

Die Arbeit an der Schlußfassung der Kapitel über die Verteidigung der Polnischen Post in Danzig machte im Frühjahr 1958 eine Reise nach Polen notwendig. Höllerer vermittelte, Andrzej Wirth schrieb die Einladung, und über Warschau reiste ich nach Gdansk. Mutmaßend, daß es noch überlebende ehemalige Verteidiger der Polnischen Post gäbe, informierte ich mich im polnischen Innenministerium, das ein Büro unterhielt, in dem Dokumente über deutsche Kriegsverbrechen in Polen gestapelt lagen. Man gab mir Adressen von drei ehemaligen polnischen Postbeamten (letzte Anschrift aus dem Jahr 49), sagte aber einschränkend, diese angeblich Überlebenden seien von der polnischen Postarbeitergewerkschaft (und auch sonst offiziell) nicht anerkannt worden, weil es im Herbst 1939 nach deutscher und polnischer Fassung öffentlich geheißen habe, alle seien erschossen worden: standrechtlich. Deshalb habe man auch alle Namen in die steinerne Gedenkplatte gehauen, und wer in Stein gehauen sei, lebe nicht mehr.

In Gdansk suchte ich Danzig, fand aber zwei der ehemaligen polnischen Postbeamten, die mittlerweile auf der Werft Arbeit gefunden hatten, dort mehr als auf der Post verdienten und eigentlich zufrieden waren mit ihrem nicht anerkannten Zustand. Doch die Söhne wollten ihre Väter heldisch sehen und betrieben (erfolglos) deren Anerkennung: als Widerstandskämpfer. Von beiden Postbeamten (einer war Geldbriefträger gewesen) erhielt ich detaillierte Beschreibungen der Vorgänge in der Polnischen Post während der Verteidigung. Ihre Fluchtwege hätte ich nicht erfinden können.

In Gdansk schritt ich Danziger Schulwege ab, sprach ich auf

Friedhöfen mit anheimelnden Grabsteinen, saß ich (wie ich als Schüler gesessen hatte) im Lesesaal der Stadtbibliothek und durchblätterte Jahrgänge des »Danziger Vorposten«, roch ich Mottlau und Radaune. In Gdansk war ich fremd und fand dennoch in Bruchstücken alles wieder: Badeanstalten, Waldwege, Backsteingotik und jene Mietskaserne im Labesweg, zwischen Max-Halbe-Platz und Neuer Markt; auch besuchte ich (auf Oskars Anraten) noch einmal die Herz-Jesu-Kirche: der stehengebliebene katholische Mief.

Und dann stand ich in der Wohnküche meiner kaschubischen Großtante Anna. Erst als ich ihr meinen Paß zeigte, glaubte sie mir: »Nu Ginterchen, biss abä groß jeworden.« Dort blieb ich einige Zeit und hörte zu. Ihr Sohn Franz, ehemals Angestellter der Polnischen Post, war nach der Kapitulation der Verteidiger tatsächlich erschossen worden. In Stein gehauen fand ich seinen Namen auf der Gedenkplatte, anerkannt.

Als ich im Frühjahr 1959 die Manuskriptarbeit beendet, die Druckfahnen korrigiert, den Umbruch verabschiedet hatte, erhielt ich ein viermonatiges Stipendium. Höllerer hatte mal wieder vermittelt. In die Vereinigten Staaten sollte ich reisen und vor Studenten ab und zu Fragen beantworten. Aber ich durfte nicht. Damals mußte man noch, um ein Visum zu bekommen, eine penible ärztliche Untersuchung durchlaufen. Das tat ich und erfuhr, daß sich an etlichen Stellen meiner Lunge Tuberkulome, knotenartige Gebilde, gezeigt hätten: wenn Tuberkulome aufbrechen, machen sie Löcher.

Deshalb, auch weil in Frankreich inzwischen de Gaulle an die Macht gekommen war und ich nach einer Nacht in französischem Polizeigewahrsam geradezu Sehnsucht nach bundesdeutscher Polizei bekam, verließen wir, kurz nachdem »Die Blechtrommel« als Buch erschienen war (und mich verlassen hatte) Paris und siedelten uns wieder in Berlin an. Dort mußte ich mittags schlafen, auf Alkohol verzichten, mich regelmäßig untersuchen lassen, Sahne trinken und kleine weiße Tabletten, die, glaube ich, Neoteben hießen, dreimal täglich schlucken: was mich gesund und dick gemacht hat.

Doch noch in Paris hatte ich mit den Vorarbeiten für den Roman »Hundejahre« begonnen, der anfangs »Kartoffelschalen« hieß und nach falscher Konzeption begonnen wurde. Erst die Novelle »Katz und Maus« zerschlug mir das kurzatmige Konzept. Doch dazumal war ich schon berühmt und mußte beim Schreiben nicht mehr die Heizung mit Koks füttern. Schreiben fällt schwerer seitdem.

Ausschnitte aus einer Pressekonferenz mit Günter Grass, Volker Schlöndorff und Franz Seitz in Berlin am 30. 6. 1978

Grass:
Es kommt auf den richtigen Partner an. Richtiger Partner heißt in dem Fall, derjenige, der mich mit Fragen provoziert, der nicht rhetorisch fragt, der auf die Sache eingeht und mich im Verlauf dieses Arbeitsprozesses gezwungen hat, mich wieder mit einem abgelegten Stoff zu befassen. Und eigentlich nur so, durch Schlöndorffs provozierende Fragen, war es möglich, daß ich an den Dialogen habe arbeiten können.

Schlöndorff:
Der Roman von Günter Grass ist weltweit ein Erfolg gewesen, weil er sich an sein Danzig-Langfuhr gehalten hat und nicht versucht hat, einen internationalen Bestseller aus der Rezeptküche herzustellen – und genau so muß dieser Film authentisch, wo immer möglich, ansetzen [...]. Wir fühlen schon alle, die daran arbeiten, daß es mehr ist als ein normaler Film, daß es auch mehr ist als irgendeine Literaturverfilmung. [...] Literatur hat hier eher quer gestanden zur Machbarkeit des Films.

Grass:
Seit 1959, als »Die Blechtrommel« erschien, lag alle zwei Jahre ein Angebot vor, einen Film aus der »Blechtrommel« zu machen – mit den absurdesten Vorstellungen.

Seitz:
Auf der Frankfurter Buchmesse im Frühjahr 1960 fragte ich Günter Grass, ob ich die Filmrechte an dem einige Monate zuvor erschienenen Roman haben kann. Grass bedauerte: »Da ist schon eine Option vergeben.«

Grass:
Einmal kam ein amerikanischer Regisseur, der ganz begeistert von dem Buch sprach, das ging eine Viertelstunde lang; dann aber fragte er: »Muß das unbedingt sein, daß dieser Junge mit drei Jahren sein Wachstum einstellt?« Ich habe ihn rausgeschmissen.

Seitz:
Nach dem Buchmesse-Gespräch mit Grass wartete ich vergeblich auf einen »Blechtrommel«-Film. 1975 unternahm ich einen neuen Vorstoß – angeregt auch von ausländischen Freunden, die sich

immer wieder wunderten, daß der beste deutsche Nachkriegsroman nicht verfilmt wird. Im April kam Grass zu mir zu Besuch. »Sagen Sie mir zuerst, wie Sie den Film machen wollen«, forderte er. Ich konnte das nicht einfach sagen – ich schrieb innerhalb von zwei Monaten ein 50-Seiten-Treatment, das ich Grass im Juni während der Filmfestspiele in Berlin übergab. Grass schaute sich das an und sagte: »Sie können es haben.«

Ich schrieb ein erstes Drehbuch, das 1976 eine Prämie bekam. Nachdem ich der Versuchung widerstanden hatte, diesen so deutschen Stoff einem ausländischen Regisseur in die Hand zu geben, wandte ich mich an Volker Schlöndorff, dessen Debütfilm »Der junge Törless« ich produziert hatte.

Schlöndorff:

Für mich ist zunächst mal das wichtigste und ausschlaggebende die Hauptfigur, dieser Oskar Matzerath; ein Junge, der einfach nicht erwachsen werden will, der dem Traum der Kindheit nachhängt, der keine Verantwortung möchte, der sich der Gesellschaft verweigert – und das ist ja ein Motiv, was besonders aktuell ist heute. Der Junge verweigert sich, bis zum Wachstum, protestiert aber trotzdem, und zwar so lautstark und schrill, daß dabei Glas zu Bruch geht. Insofern ist dieser Oskar Matzerath eine Ausgeburt unseres Jahrhunderts und vielleicht auch unserer deutschen Geschichte.

Inge Becker-Grüll:
Oskar hat also seine allwissende Erzählerposition räumen müssen.
Er grübelt nicht länger als Insasse einer Heil- und Pflegeanstalt
über mögliche Anfänge seiner Autobiographie, sondern vom über-
wachen Säuglingszustand an steckt er mitten im kleinbürgerlichen
Alltagsmief, ist sein Opfer, Protestler und hellhöriger Kommentator, der die faschistische Explosion vorausspürt. Für Grass war
diese Änderung des Romans die Voraussetzung der gemeinsamen
Arbeit.

Grass:
Die Lösung des Regisseurs und Drehbuchautors von der literarischen Konzeption – das hieß: die Erzählerposition aufgeben. Es
hätte sonst eine ständige Rückblende gegeben, umständlich und
dreimal um die Ecke; was man mit einem Semikolon beim Schreiben machen kann, wird im Film umständlich.

Becker-Grüll:
Statt dessen bieten sich Raffungen an und die Konzentrierung auf
wesentliche, ins Bild umsetzbare Szenen: »Nummernrevue« nennt
sie Volker Schlöndorff.

Grass:
Wir waren uns beide einig, daß man nicht die Fülle der einzelnen
Kapitel und Szenen in den Film hineingeben kann. Nicht nur, weil
es zu lang werden würde. Es gibt bestimmte Kapitel, die einfach
rauszulösen waren, obwohl wir ungern auf sie verzichtet haben,
zum Beispiel die Figur des Herbert Truczinski, der sich an der
Galionsfigur aufspießt. Aber das war rauszulösen, ohne daß der
Verlauf der Geschichte Schaden nehmen konnte. So gibt es einige
Sachen, die nicht hineingefunden haben ... Schlöndorff hat mir die
verschiedenen Drehbuchfassungen vorgelegt, und ich hab dann
meine Meinung dazu gesagt. Wir haben die Szenen durchgesprochen, es ergaben sich auch Änderungen daraus, und intensiv hab
ich dann das letzte Mal an den Dialogen mitgearbeitet, auch dort,
wo Schlöndorff noch weitere Dialoge benötigte für die Szenen.

Becker-Grüll:
Schlöndorff spricht sogar von den guten Regieanweisungen im
Roman ...

Schlöndorff:
Wehe, wenn man sie nicht verfolgt: auf einmal kommt die Szene aus dem Geleis.

Grass:
Erst als ich merkte, daß der Schlöndorff jemand ist, der die Kraft und die Vorstellungskraft hat, aus seiner Ästhetik heraus, aus der Ästhetik des Filmemachers Stoff zu adaptieren, da war ich beruhigt. Wenn es jemand gewesen wäre, der versucht hätte, sich ganz an die literarische Form anzulehnen, also einen filmischen Abklatsch des Romans zu machen, da hätte ich auch gar keine Einwilligung dazu gegeben. Erst, als ich merkte, daß der Schlöndorff in der Lage ist, die Syntax des Schriftstellers, den Periodenbau des Schriftstellers in die Optik der Kamera zu übersetzen, da war die Sache für mich geklärt.

Becker-Grüll:
Im Drehbuch erscheint es geradezu zwingend, daß Oskar, nach der grellen Familienfeier zu seinem dritten Geburtstag, mit dieser dumpfen, lieblosen Erwachsenenwelt nichts zu tun haben will. Wehrhaft ausgerüstet mit der rot-weißen Trommel und der glaszerschneidenden Stimme, entschließt er sich in der darauffolgenden Szene, klein und dreijährig zu bleiben ... So sah sich Schlöndorff zunächst nach einem Kind zwischen fünf und zehn Jahren um, das auch ein dreijähriges Kind spielen kann.

Schlöndorff:
Die Idee war eben immer, nicht einen Film mit einem Zwerg zu machen, weil sich dann jeder sagt, das sind Zwergenprobleme, das ist das Problem eines Zwergs, das interessiert mich nicht. Aber jeder hat seine Kindheit, der er nachtrauert und die er gerne hätte verlängern wollen, jedenfalls nachträglich – und mit dem Kind kann man sich identifizieren.

Becker-Grüll:
Wer nun den zwölfjährigen David sieht, den Sohn des Schauspielers Heinz Bennent, ist sofort davon überzeugt: von den großen, blauen Augen, dem reifen Gesichtsausdruck, der Statur. Wenn er die Romanfigur so spielt, wie er sie äußerlich trifft, dann hat sich Schlöndorffs Suche gelohnt. Auch sein Erfinder Günter Grass, der ihn erst hier in Gdansk kennenlernt, ist sofort mit ihm einverstanden.

Grass:
Was mich ganz überzeugt, sofort überzeugt und was auch dem Buch entspricht: die Stärke der Augen – die ist auch im Buch

vorgegeben. Ich hab das gleich akzeptiert, daß er in der Rolle drinnen ist. Es gab ja große Schwierigkeiten in den Jahren davor bei den Leuten, die die »Blechtrommel« verfilmen wollten. Sie gingen immer davon aus – das ist auch durch einen Teil der Literaturkritik mit verursacht –, sie sprachen immer von einem häßlichen Zwerg, von einem Gnom. Dabei macht das Buch deutlich: es ist ein Kind, das sein Wachstum eingestellt hat.

Schlöndorff:

Oskar erlebt die Welt aus der Perspektive des Kindes. Aber die Perspektive des Kindes kann man nicht dadurch herstellen, daß man die Kamera auf 90 cm Höhe einstellt. Denn die Verzeichnungen sind ja ganz andere, die Räume nimmt es sehr schnell wahr in den Proportionen, die es akzeptiert. Es ist eher das Verhalten der Menschen in den Räumen, das in der Perspektive des Kindes anders wirkt; es ist eine geistige Perspektive, nicht eine optische.

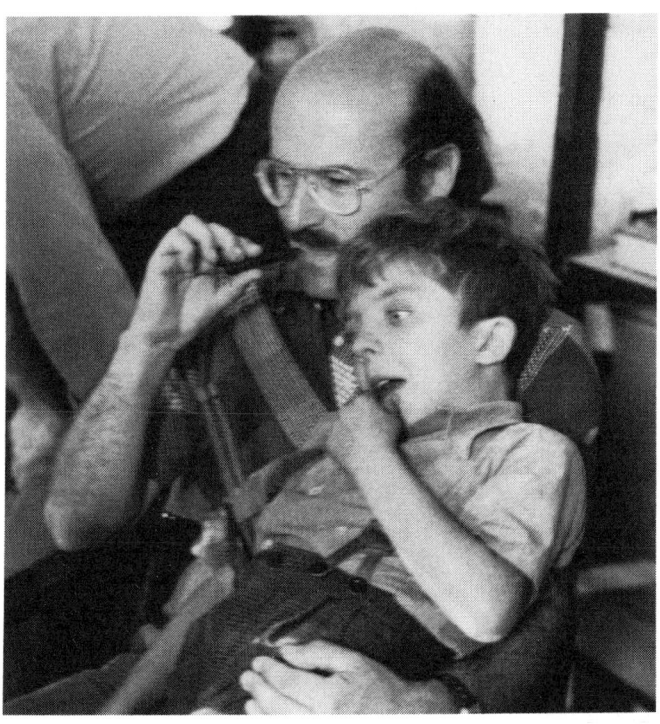

Drehorte und Mitarbeiter

Zagreb/Jugoslawien	31. Juli–18. August 1978
Normandie/Frankreich	21. August–26. August
Gdansk/Polen	28. August–23. September
Berlin	25. September–17. November

KÜNSTLERISCHE UND TECHNISCHE MITARBEITER

Drehbuch	Jean-Claude Carrière
	Franz Seitz
	Volker Schlöndorff
Szenenmusik	Friedrich Meyer
Filmmusik	Maurice Jarre
Kamera	Igor Luther
Art Director	Nikos Perakis
Ausstattung	Bernd Lepel
Bild- und Tonschnitt	Suzanne Baron
Kostüme	Dagmar Niefind
Herstellungsleiter	Eberhard Junkersdorf
Produzent	Franz Seitz
Regie	Volker Schlöndorff

STABLISTE

Produktionsleitung	Siegfried Hofbauer
	Herbert Kerz
Aufnahmeleitung	Luis Mayr
	Günther Stocklöv
	Ute Ehmke
Regie-Assistenz	Alexander E. v. Richthofen
	Branco Lustig
Assistenz II	Wolfgang Kroke

Script	Lilo Schick
Kamera-Assistenz	Peter Arnold
	Nikolaus Starkmeth
Standfotos	Karl Reiter
	Ulla Hübner
Schnittassistenz	Barbara von Weitershausen
	Agape von Dorstewitz
Requisite	Franz Bauer
	Christian Lenz
	Thomas Schulz
Pyrotechnik und Spezialeffekte	Georges Jaconelli
Kostüm-Assistenz	Inge Heer
	Yoshy Yabara
Maske	Rino Carboni
	Alfredo Tiberi
Frisuren	Ingeborg Thiess
Oberbeleuchter	Konrad Dillitzer
Baubühne	Karl Dillitzer

DARSTELLERLISTE

Oskar	David Bennent
Matzerath	Mario Adorf
Agnes	Angela Winkler
Jan Bronski	Daniel Olbrychski
Maria	Katharina Thalbach
Anna Bronski (jung)	Tina Engel
Oma Anna Bronski, spätere Koljaiczek	Berta Drews
Joseph Koljaiczek	Roland Teubner
Löbsack	Ernst Jacobi
Sigismund Markus	Charles Aznavour
Greff	Heinz Bennent
Lina Greff	Andrea Ferréol
Scheffler	Werner Rehm
Gretchen Scheffler	Ilse Pagé
Mutter Truczinski	Käte Jaenicke
Herbert Truczinski	Wigand Witting
Schugger-Leo	Marek Walczewski

28

Fajngold	Wojciech Pszoniak
Musiker Meyn	Otto Sander
Bebra	Fritz Hakl
Roswitha	Mariella Oliveri
1. Clown	Emil Feist
2. Clown	Herbert Behrent
Felix	Karl-Heinz Tittelbach
Obltn. Herzog	Alexander von Richthofen
Obgfr. Lankes	Bruno Thost
Frl. Spollenhauer	Gerda Blisse
Hochw. Wiehnke	Joachim Hackethal
Joseph Heilandt	Helmut Brasch
Dr. Hollatz	Henning Schlüter
Direktor der Polnischen Post	Zygmunt Huebner
Kobyella	Mieczyslaw Czechowicz
Stauer	L. Grzmocinski
1. Gendarm	S. Michalski
2. Gendarm	J. Kapinski
Susi Kater	Christine Lutze
Kurtchen	Oliver Petrich
Hebamme	Dorothee Lucht
Oberstabsarzt	Wolf-Dieter Frauboes
Schirrmeister	Luis Mayr
1. russischer Soldat	Dschingis Bowakow
2. russischer Soldat	Ronald Nitschke

Personenbeschreibung

OSKAR
Dreijährig: kobaltblaue Augen, Haare, die wie eine putzsüchtige Bürste nach oben streben. Selbstbewußt und ernstentschlossen (Doppelgänger des Jesuskindes). 94 cm groß.
Erwachsen: großer, selbst für normal gewachsene Personen zu großer Kopf, der zwischen den Schultern auf nahezu verkümmertem Hals sitzt. Brustkorb und Buckel treten hervor. Kräftige Arme, dichtes, leichtgewelltes dunkelbraunes Haar, stark leuchtende, bewegliche Augen. 121 cm groß.

In der Reihenfolge des Auftretens:
ANNA BRONSKI, VEREHELICHTE ANNA KOLJAICZEK
Junge kaschubische Bäuerin – mit Durchblick gewährenden, sonst fehlerlosen Schneidezähnen, rundäugig. Ihre vier übereinandergezogenen Röcke bevorzugen alle denselben kartoffelfarbenen Wert. Die Farbe steht ihr.
Als Großmutter ist sie geprägt von provinzieller Strenge.
2 GENDARMEN
Lang und dünn.
JOSEPH KOLJAICZEK
Annas Ehemann. Kurz und breit, runder Schädel, wilde Haare ohne Scheitel, schwarzer Schnauz. Wie ein kleines, breites Tier – der Brandstifter.
AGNES KOLJAICZEK, VEREHELICHTE AGNES MATZERATH
Beider Tochter.
Mit 17 Jahren: dunkelhaarig, gutgeformte Beine, zierliche Tanzfüßchen.
23 bis 37 Jahre: eine junge Frau, die den runden, ruhiggeformten Kopf auf straff fleischigem Hals trägt, mit einem Augenpaar, das gewohnt zu sein scheint, mehr grau als blau die Seelen der Mitmenschen wie auch die eigene Seele gleich einem festen Gegenstand – sagen wir, Kaffeetasse oder Zigarettenspitze – zu betrachten. Dunkle Wasserwelle.
Besitzt angeborenen Geschäftssinn, Witz und Schlagfertigkeit.
ALFRED MATZERATH
Agnes' Ehemann, gebürtiger Rheinländer. Blonder Krauskopf, angeberisch, kann elegant, fast intellektuell aussehen wie eine

schlechte Kopie von Harry Liedtke. Ein passionierter Koch von »rheinischer Fröhlichkeit« (Zeitspanne von ca. 1917 bis 1945).

JAN BRONSKI

Agnes' Vetter und Geliebter. Mit 20 Jahren bereits viermal gemustertes Kerlchen mit kümmerlichem Brustkorb, also schmächtig, leicht gebückt gehend, hübsches ovales, vielleicht etwas zu süßes Gesicht – schwärmerische blaue Augen.

Bis zu seinem Tode 1939 (42 Jahre alt) immer noch zierlich, zurückgekämmtes kastanienbraunes Haar, blühender, immer zum Weinen bereiter Kußmund, voll durchblutete Wangen – eben jenes die Frauen verführende Ohrfeigengesicht, dazu weibisch müde Hände, gepflegt und arbeitsscheu (in einem Vergleich geschildert wie die bekannten süßlichen Jesusbilder).

DR. HOLLATZ

Hausarzt der Familie Matzerath. Breite Hornbrille, röhrende Stimme, betont kraftvoller, unangenehmer onkelhafter Wortschwall.

SCHWESTER INGE

Seine Sprechstundenhilfe. Steril, sauber und adrett.

FRÄULEIN SPOLLENHAUER

Volksschullehrerin. Ein älteres Mädchen, das sich durch ein eckig zugeschnittenes Kostüm ein trocken-männliches Aussehen gibt. Dieser Eindruck wird noch verstärkt durch den knappsteifen, Halsfalten ziehenden, am Kehlkopf schließenden, abwaschbaren Hemdkragen; trägt Schlips und Wanderschuhe; hat einen Bubikopf; Brille; ihre Gesichtshaut ist gelblich – die Fingernägel kurz geschnitten; spreizt den kleinen Finger ab.

(»Nur einmal gibt sie sich für ein Minütchen als ein nicht unsympathisches älteres Mädchen, das, seinen Lehrberuf vergessend, der ihr vorgeschriebenen Existenzkarikatur entschlüpft, menschlich wird, das heißt kindlich-neugierig, vielschichtig, unmoralisch, verfällt aber wieder ihrer alten, gradlinig dummen schlechtbezahlten Rolle, in den uralten, schablonenhaften Volksschullehrerinnenblick.«)

MUTTER TRUCZINSKI

Hausbewohnerin am Labesweg. Kleiner, runder Kopf, den dünne aschgraue Haare so durchsichtig umspannen, daß die rosa Kopfhaut durchschimmert. Die spärlichen Fäden streben alle zum ausladendsten Punkt ihres Hinterkopfes, bilden dort einen Dutt, der trotz seiner geringen Größe – er ist kleiner als eine Billardkugel – von allen Seiten, sie mag sich drehen, wie sie will, zu sehen ist. Stricknadeln halten den Dutt zusammen.

Ihre runden, beim Lachen wie aufgesetzt wirkenden Wangen reibt sie sich mit Zichorienpapier ein.

Sie bewegt sich mit schlorrendem Gang.

HERBERT TRUCZINSKI

Ältester Sohn. Kellner von Beruf, zwei Zentner schwer, mit beweglichem runden Rücken, mit Sommersprossen übersät (fuchsige Haare wuchern unterhalb der Schulterblätter beiderseits der im Fett eingebetteten Wirbelsäule. Aufwärts, vom Rand der Unterhose bis zu den Halsmuskeln bedecken den Rücken wulstige, den Haarwuchs unterbrechende, Sommersprossen tilgende, Falten ziehende, vielfarbig vom Blauschwarz bis zum grünlichen Weiß abgestufte Narben).

TROMPETER MEYN

Ewig betrunken. Hält sich vier Katzen, versteht den Oskar nicht, tritt später der Reiter-SA bei.

GRETCHEN SCHEFFLER

Bäckermeistersgattin, kinderlos. Irgendwie blond und weich und weiß – mit Pferdegebiß, das zur guten Hälfte aus Goldzähnen besteht.

Mit einem zwei glatt, zwei kraus gestrickten Herzen, wie ihre Umgebung von vielfach gestricktem, gehäkeltem, geziertem Inventar.

ALEXANDER SCHEFFLER

Bäckermeister. Kahlköpfig, kurzbeinig – befeuchtet unermüdlich mit der Zungenspitze die Oberlippe.

ALBRECHT GREFF

Gemüsehändler. Pfadfinderführer, deshalb oft in kurzen Hosen, breit, trocken, gesund – mit einer Vorliebe für schmale, möglichst großäugige, wenn auch bleiche Knaben.

LINA GREFF

Seine Frau. Phlegmatisch, frustriert – zieht später Daueraufenthalt im Bett vor.

DIE GÖREN IM HOF

Nuschi Eyke	10 Jahre
Axel Mischke	10 Jahre
Harry Schlager	10 Jahre
Hänschen Kollin	11 Jahre
Susi Kater	9 Jahre
Klein Käschen	8 Jahre

SIGISMUND MARKUS

Spielzeughändler. Getaufter Jude, hellbeflaumte bräunliche Flekken auf den Handrücken. Trägt für gewöhnlich Ärmelschoner über dem dunkelgrauen Alltagstuch, Kopfschuppen auf den Schultern verraten seine Haarkrankheit. Spricht in floskelreicher Rede, mit leichtem, jedoch nie verletzendem Stolz – gefühlsbetont.

BEBRA
Musicalclown. 1934 erste Begegnung mit Oskar – 53 Jahre alt, Liliputaner.

LILIPUTANERGRUPPE

LÖBSACK
Gauschulungsleiter – bucklig und begabter Redner.

SA-MÄNNER

HITLERJUGEND

JUNGVOLK

FRAUENSCHAFT

BDM

HOCHWÜRDEN WIEHNKE
Stadtpfarrer von Herz-Jesu-Kirche.

VIKAR RASCZEIA

DER STAUER
Kahler, eiförmiger Kopf unter der Steuermütze, tabakbraune Zahnstummel.

SCHUGGER-LEO
Ehemaliger Priesterseminarist. Lebt in der »Gnade«, leicht tän-zelnd, weil wirklich begnadet, steht er schief im Wind, lallt fäden-ziehend über die untere reichlich ausladende Sabberlippe. Grüßt mit schimmelndem welken Zylinder in Handschuhfingern.

SS-HEIMWEHR

MÄNNER IN DER POLNISCHEN POST

KOBYELLA
Hausmeister der Polnischen Post. Knochiger Invalide – magerer, wimpernloser Vogelkopf mit wäßrigen Pupillen. Trägt orthopädi-schen Schuh.

LEUTNANT
Führer des Pelotons.

MARIA TRUCZINSKI
(16 bis 24 Jahre), Oskars Geliebte. Zunächst Dienstmädchen bei Matzerath, später verheiratete Matzerath, noch später verwitwete Matzerath – Mutter von Kurtchen.
Rundes, frischgewaschenes Gesicht, blickt kühl, doch nicht kalt aus etwas zu stark hervortretenden grauen, kurz, aber dicht be-wimperten Augen unter kräftigen, dunklen, an den Nasenwurzeln

zusammengewachsenen Brauen. Deutlich sich abzeichnende Bak-
kenknochen, deren Haut bei starkem Frost bläulich spannt und
schmerzhaft springt, geben dem Gesicht eine beruhigend wirkende
Flächenmäßigkeit, die durch die winzige, aber nicht unschöne oder
gar komische, vielmehr bei aller Zierlichkeit wohldurchgebildete
Nase kaum unterbrochen wird.

Ihre Stirn faßt sich rund, mißt sich niedrig und wird schon früh
durch senkrechte Grübelfalten über der bewachsenen Nasenwurzel
gezeichnet. Rund und leicht gekräuselt setzt auch jenes braune
Haar an den Schläfen an, welches den Glanz nasser Baumstämme
hat, um dann straff den kleinen, griffigen, kaum einen Hinterkopf
aufweisenden Schädel zu bespannen.

Trägt zunächst Zöpfe hinter rasch durchbluteten derbgesunden
Ohren, deren Läppchen nicht frei hängen, sondern direkt in das
Fleisch überm Oberkiefer wachsen. Später trägt sie Dauerwellen,
die die Ohrläppchen verdecken. Noch später einen modisch geschnittenen Wuschelkopf, zeigt die angewachsenen Ohrläppchen,
schützt sie aber durch große, ein wenig geschmacklose Klips.

Sie ist eher kleiner als mittelgroß, mit etwas zu breiten Schultern,
schon unter dem Arm ansetzende volle Brüste und ein dem Becken
entsprechendes Gesäß, das hinwiederum von zu schlanken, dennoch kräftigen »unterhalb der Schamhaare« Durchblick gewährenden Beinen getragen wird. (Kurz gesagt: X-Beine.)

Ihre Patschhände wird sie nie verleugnen können.

ROSWITHA RAGUNA
Die berühmte Somnambule. Liliputanerin, zierlich, südländisch,
drei Fingerbreit größer als Oskar, neapolitanische Schönheit aus
Sachsen – gleichviel glatter wie zerknitterter Haut, kirschschwarze
Mittelmeeraugen, dunkle, früchteversprechende Stimme, blutjunge
uralte Hand wie Porzellan.

KITTY
Liliputanerin. Honigblond, grauhäutig, nicht ohne Liebreiz.

FELIX
Liliputaner, Kittys Partner (Equilibristen).

OBERGEFREITER LANKES
Baumlang, Wolfskopf. (Tritt im 3. Teil als Maler auf.)

OBERLEUTNANT HERZOG
(Beschreibung findet sich nur im 3. Teil: »Da er khakifarbene
Kniehosen trägt, kommen seine dicklichen Waden zum Vorschein,
aus dem offenen Leinenhemd wachsen graubraune Haare.«)

KURTCHEN MATZERATH
(3 bis 8 Jahre), Marias Sohn.
6 RUSSISCHE SOLDATEN
(darunter Kalmücken-Type).

Volker Schlöndorff
Aus meinem Tagebuch zur »Blechtrommel«
April 1977–Februar 1979

Für Margarethe

Anfang 77 habe ich zwei weite Reisen gemacht. Eine nach Westen, bis Kalifornien, also Hollywood. Die andere nach Osten, über Moskau bis Mittelasien, nach Taschkent. In Hollywood habe ich Projekte besprochen, die mir wegen des Erfolges der »Katharina Blum« angeboten wurden, sogenannte internationale Filme. In Taschkent habe ich deutsche Filme vorgeführt und diskutiert. Margarethe von Trotta, Martje und Werner Herzog waren dabei, als wir unsere Filme mit usbekischen Augen sahen. Nach diesem Pendelschlag von West nach Ost war ich entschlossener denn je, mich an meine Mitte zu halten – trotz Möglichkeiten anderswo, trotz Schwierigkeiten hier. Seit »Törless« habe ich bewußt deutsche Filme gemacht.
Als ich so meinen Standort geographisch und historisch geklärt hatte, kam Franz Seitz und brachte mir »Die Blechtrommel«.
Das Tagebuch beschreibt das übliche Auf und Ab beim Entstehen eines Films – nicht weil Außerordentliches geschieht, sondern das, was wir alle immer wieder erleben. Ich interessiere mich sehr dafür, wie es die anderen machen, wie sie es schaffen. Hier also für Euch: wie ich es gemacht habe – kein Rezept, nur Informationen, so ungeschminkt, wie es Anstand und Abhängigkeiten zulassen.

23. April 1977
Heute zum ersten Mal »Die Blechtrommel« gelesen, nicht an einem Tag natürlich. (Damals, als das Buch erschien, 1959, war ich Assistent bei Louis Malles »Zazie in der Metro«. Deutsche Literatur interessierte mich nicht. Erst durch den langen Aufenthalt in Frankreich, immer wieder mit »Du, als Deutscher« angesprochen, bin ich mir meines Deutschseins richtig bewußt geworden.)
Ich versuche mir einen Film vorzustellen, der von der »Blechtrommel« ausginge. Das könnte eine sehr deutsche Freske werden, Weltgeschichte von unten gesehen und erlebt: riesige, spektakuläre Bilder, zusammengehalten von dem winzigen Oskar. Eine Ausgeburt des zwanzigsten Jahrhunderts hat man ihn genannt. Für mich

hat er zwei zeittypische Eigenschaften: die Verweigerung und den Protest. Er verweigert sich der Welt so sehr, daß er nicht einmal mehr wächst. Wachstum null. Er protestiert so lautstark, daß seine Stimme Glas zerbricht. So gesehen ist er uns heute sogar näher als vor fünfzehn Jahren bei Erscheinen des Buches.

Ich empfinde die Möglichkeit, an der »Blechtrommel« zu arbeiten, als eine Herausforderung, der man sich nicht entziehen kann. Also willige ich ein. Ohne auch nur die geringste Vorstellung zu haben, wie ich es machen werde, lasse ich mich darauf ein. Ich ahne, daß es mehrere Jahre dauern wird. Gerade deshalb zögere ich nicht, mich darauf einzulassen.

20. Mai

Wieder und wieder das Buch gelesen, unterstrichen, auseinandergenommen. Dazu brauche ich mehrere Exemplare, die ich in der Amalienstraße antiquarisch zu erwerben versuche. »Wir haben das Buch nicht, und wenn es uns angeboten würde, nähmen wir es nicht rein. Das liest heute niemand mehr«, wird mir mehrfach gesagt. Aber das beißt mich jetzt nicht mehr: das Buch muß eben wiederentdeckt werden.

Das einzige, was mich an der Machbarkeit noch zweifeln läßt, ist die Besetzung der Hauptrolle. Gibt es ein Kind, das alle diese Szenen spielen kann, oder soll ich einen Zwerg nehmen?

30. Mai

Auf der Suche nach einer Struktur. Die Heil- und Pflegeanstalt ist im Roman Oskars letzte Station, von der aus er als Dreißigjähriger seine Geschichte erzählt. Diese Erzählerposition ist klar, aber das erste Drehbuch, das Franz Seitz in diesem Sinne geschrieben hat, mit vielen ineinander verschachtelten Rückblenden und Off-Texten Oskars, wird zur schwer nachvollziehbaren Biographie eines gewissen Oskar Matzerath, der so niemanden interessiert. Ich verzichte lieber auf diese Erzählerposition und stelle chronologisch eine Serie von Bildern auf, die ohne erklärende Übergänge einander folgen. Der Fülle der Personen und Episoden des Romans entspricht im Film nicht ein Hintereinander, sondern ein Nebeneinander. So entsteht eine Freske, ein Erzählen in die Breite statt in die Länge. Zwischen diesen großen Tableaus, wie bei einer Nummernrevue, können kurze Montagen liegen, in denen Oskar auch einmal als Kommentator spricht, doch nicht um Informationen zu geben, sondern um seine Gedanken zu sich und dem Geschehen zu formulieren.

30. Juni

Erster Besuch bei Günter Grass mit Franz Seitz. Er hat uns einen Linseneintopf mit Bauchspeck gekocht. Wir kommen sofort aufs Thema. »Die Blechtrommel« ist das Gegenteil eines Entwicklungsromans: alles und alle um Oskar entwickeln sich – nur er nicht. Oskar verkörpert die Rachsucht des Kleinbürgers und seinen anarchischen Größenwahn. Bedeutung der Gegenstände, die oft sogar die Handlung auslösen wie beim nouveau roman: die Trommel, die Standuhr, der Kronleuchter, die Skatkarten, das Halsband, das Parteiabzeichen, erklärt Grass.

Trotz lebhafter Gespräche bleiben wir uns fremd. Ich bekomme Panik vor dem Ausmaß des Unternehmens und Angst vor dem Autor. Das meiste, was sich im Buch wie frei fabuliert liest, ist für ihn erlebte Wirklichkeit.

Der Film darf nicht inszenierte Literatur werden. Grass schreibt ja auch nicht nur gegen die Behauptung an, es könne kein Roman mehr geschrieben werden, sondern die Geschichten drängen sich in ihm als Erlebtes, das er mitteilen muß. Woher wird beim Film diese innere Energie kommen?

In Bölls Wut z. B. konnten wir bei »Katharina Blum« mit unserer eigenen einsteigen und sie fortführen. Grass dagegen spricht von sich, seinen Erfahrungen und seinen ureigensten Träumen; ihm und seinem starken Ich dabei zu folgen ist schwer; anders als bei Böll, der sich selbst ausspart und in viele Personen versetzt. Hat man denselben Impuls wie Böll für oder gegen eine Sache, fällt es leichter, sein Personal zu übernehmen und darzustellen – es ist selten unmittelbar autobiografisch: bei Grass trotz aller Übertreibungen immer. Die Wohnung am Labesweg, der Petroleumfleck an der Wand, die Menschen, alles ist ganz konkret, sicher auch die vier/fünf Röcke der kaschubischen Großmutter, deren Gebiß (»gesunde, starke Zähne mit breiten Lücken dazwischen«) er beschreibt wie sein eigenes.

Ich muß also zunächst einmal meine Beziehung zu Oskar klarstellen. Ich halte mich an die Kindheit, suche den Oskar in mir. Meine Filme sind nur gut, wenn ich mich mit einer Person so identifizieren kann, daß sie mir den Einstieg möglich macht.

Viel über Danzig, Kleinbürger und Nazis gelesen, Zeitungen, Romane, Dokumente.

4. Juli

Seit dem Besuch bei Grass bin ich sehr unruhig. Einerseits möchte ich, daß der Film ihm gefällt – soviel Achtung habe ich vor Autoren –, andererseits kann ich ihn nicht mit seinen Augen und seinem Bewußtsein inszenieren.

Der Entschluß zur »Blechtrommel« ist voluntaristisch: eine Arbeit, die ich auf mich nehmen will. Ähnlich schildert allerdings Fellini jeden Anfang an einem neuen Projekt. Es wird dann der Katalysator, der Stein, um den sich nun alle Phantasie, Überlegungen und Empfindungen kristallisieren.

10. August

Paris. Das Ausmaß des Unternehmens bringt nicht nur erzählerische Schwierigkeiten, sondern auch Produktionsprobleme mit sich. Wir nehmen Kontakt zu amerikanischen Verleihern auf. Ich fahre nach Paris, um einen Koproduzenten zu gewinnen. Mehrfach versuche ich, »Die Blechtrommel« in Produktionsbüros zu erzählen. »Tell me the story in three lines.«

Das, was die eigentliche Wucht des Buches ausmacht, die Sprache Günter Grass', steht mir dabei nicht zur Verfügung. Trotz holperig übersetzter Notizen teilt sich die Kraft der Erzählung mit, fasziniert die rührende und widersprüchliche Figur des Oskar Matzerath. So gewinne ich Vertrauen in die Machbarkeit.

25. August

Das dürfte die Entscheidung gewesen sein: Gestern abend bei Jean-Claude Carrière. Wir hatten uns seit »Viva Maria« – vor 13 Jahren schon – nur selten getroffen. Nachdem ich vorher »Three Women« und »L'Obscur Objet du Désir« gesehen hatte, konnte ich mir die »Blechtrommel« nicht mehr vorstellen, zumal Bertrand Tavernier mir beim Mittagessen vorgehalten hatte, daß ein Film mit einem Zwerg als Hauptperson alle Probleme auf Zwergenprobleme reduziere.

Was sagt also Jean-Claude?

Das Stichwort: THE KID.

Wir brauchen als Darsteller einen Jackie Kogan. Ein Kind kleinen Wuchses bis zur Flucht aus Danzig, dann den Wechsel zum Zwerg unterstreichen als tragisches Ereignis, bis der mißgestaltete Zwerg uns in der Klinik gegenübersitzt und sagt: Ja, ich bin's, aus dem schönen Knaben ist ein häßlicher Zwerg geworden. Mit einem Kind können wir uns alle identifizieren, mit einem Zwerg nur wenige.

28. August

Ich suche Anatole Dauman, der schon »Fangschuß« coproduziert hat, in den Ferien in der Normandie auf. Zwei Nachmittage lang erzähle ich ihm anhand meiner Notizen Szene für Szene den Film.

Er kennt den Roman nicht, und ich merke, wie das Projekt ihn packt. Er wird mitmachen. Andererseits bedauert er, daß ich nun doch wieder einen deutschen Film mache, statt mit internationalen Stars zu arbeiten. Er nennt das künstlerischen Masochismus.

30. August

Jean-Claude Carrière wird ab Oktober, wenn er mit Buñuel fertig ist, das Drehbuch mit mir schreiben. Vor der Abreise in Paris viele Filme gesehen. Nichts, was irgendwie der »Blechtrommel« vergleichbar wäre.

19. September

Detlef (mein Bruder) hat den »Blechtrommel«-Entwurf in ein paar Stunden gelesen, findet es nicht zu viel für einen Film.

»SPD-Mann fördert Filme und Verteidiger der RAF« heißt die Überschrift eines Artikels in der »Welt«, der viel Staub aufwirbelt. Aufgrund anonymer Hinweise – von wem wohl? – ist unser Bauernhaus in der Toskana durchsucht und – oh Schreck! – eine Pistole gefunden worden, allerdings ohne Munition.

Die Pistole hat mit der RAF nichts zu tun, auch nichts mit der einsamen Lage des Bauernhofes, denn die Toskaner sind friedliche Leute. Nein, Marian Seydovsky, der Darsteller des Opfers Basini in meinem »Törless«, hat sie mir einmal geschenkt. Ich habe nie verstanden, warum, bis er sich als 22jähriger erschoß ... Eine Geschichte, das sehe ich ein, die dem Ermittlungsrichter nicht sehr glaubhaft klingt.

Tatsächlich vertrete ich im Verwaltungsrat der Filmförderungsanstalt (FFA) die Regisseure des neuen deutschen Kinos. Ebenso zutreffend ist es, daß ich mich auch sonst engagiere, unter anderem im Rechtshilfefonds der Anwälte des Prozesses in Stuttgart-Stammheim und im Beirat des Frankfurter »Informationsdienstes für unterbliebene Nachrichten«, kurz ID genannt.

Das gleichzeitige Engagement für so verschiedene Dinge stört viele, die in Kästchen denken. Gerade diese verschiedenen Interessen haben zu dürfen, ist ein politisches Problem.

Doch so denken Politiker nicht. Der kleine Artikel löst große Aufregung aus, zumal Schleyer gerade entführt wurde und niemand weiß, wohin.

Für die SPD werde ich zur Belastung; man bittet mich zu einer Aussprache nach Bonn. »Ich müsse ihnen entgegenkommen« – was immer das heißt –, am Telefon oder schriftlich ginge das nicht.

Entweder wollen sie, daß ich, wie seinerzeit angeboten, »ohne Eklat« aus der FFA rausgehe oder mich vom Rechtshilfe-Fonds

Ein SPD-Mann fördert Filme und Verteidiger der RAF

Heinz Vielain, Bonn

Über die Förderungswürdigkeit deutscher und ausländischer Filme entscheidet für die SPD ein Baader-Meinhof-Sympathisant. Aus Unterlagen der Sicherheitsbehörden ergibt sich, daß der Regisseur Volker Schlöndorff dem Beirat eines Hilfsfonds für RAF-Gefangene angehört. Schlöndorff ist offiziell Vertreter der sozialdemokratischen Bundestagsfraktion in der »Filmförderungsanstalt«. Er arbeitet überdies in der Medien-Kommission der SPD mit.

Zu dem im Zusammenhang mit der Verhaftung des Baader-Meinhof-Anwalts Klaus Croissant von den Behörden sichergestellten Material gehört das »Statut des Rechtshilfefonds für die Verteidigung politischer Gefangener«. Als einer der drei Beiratsmitglieder wird darin der Regisseur Volker Schlöndorff genannt. Über den Zweck des Fonds heißt es zuvor: »Der Rechtshilfefonds für die Verteidigung politischer Gefangener dient dem Zweck, den grundlegenden Anspruch auf den Beistand von Verteidigern eigener Wahl in politischen Prozessen finanziell abzusichern. Der Fonds beschränkt seine Aufgaben vorläufig auf die bei den Oberlandesgerichten in Stuttgart und Düsseldorf schwebenden Prozesse gegen die Gefangenen aus der RAF (Rote Armee-Fraktion/Red.) und dem Kommando Holger Meins. Diese Prozesse haben zentralen politischen Stellenwert für die staatliche Auseinandersetzung mit sozialrevolutionären Bewegungen.«

Als Treuhänder des Hilfsfonds ist in dem gedruckten Statut Rechtsanwalt Klaus Croissant genannt. Gegen ihn hat die Staatsanwaltschaft im Juli Anklage wegen Unterstützung der Baader-Meinhof-Bande erhoben. In der über 260 Seiten langen Anklageschrift wird Croissant vorgeworfen, unter Mißbrauch seiner Stellung als Rechtsanwalt die Tätigkeit der Anarchisten gefördert zu haben.

Volker Schlöndorff war bereits Mitte des Jahres im Zusammenhang mit Terror-Organisationen genannt worden. Am 20. Juni berichtete die Nachrichtenagentur AFP: »Der deutsche Filmregisseur Volker Schlöndorff ist in Florenz wegen illegalen Waffenbesitzes zu sechs Monaten Gefängnis und rund 200 Mark Buße verurteilt worden. Am 10. August des Vorjahres war in der Florentiner Wohnung des Regisseurs ein Revolver gefunden worden, als die Polizei nach Mitgliedern der ›Roten Brigade‹ fahndete und bei Schlöndorff eine Haussuchung durchführte. Der Film-Regisseur soll mit der Baader-Meinhof-Bande und den Roten Brigaden Kontakt unterhalten haben.

Bei der »Filmförderungsanstalt«, in dessen Verwaltungsrat Volker Schlöndorff einer der zwei amtlich bestellten Vertreter der SPD-Fraktion des Deutschen Bundestages ist, handelt es sich um eine Bundesanstalt des öffentlichen Rechts. Sie vergibt jährlich rund 20 Millionen Mark zur Unterstützung von Filmprojekten.

Die Welt, 27. 9. 1976

distanziere – vielleicht auch von ID oder wovon sonst man etwas weiß. Meine Haltung: weder noch. Das Engagement ist nicht teilbar. Vom RH-Fonds sage ich mich nachträglich nicht los; im Augenblick ruht er sowieso und wird in dieser Form nicht fortgeführt.

Möglich ist, daß er auf Grund der Unterstützung der Information weiter kriminalisiert wird. Der Vorwurf gegen Croissant stützt sich ja auch nur auf den Aufbau eines INFO-Systems. Hier muß unterschieden werden zwischen Info-System – sofern es illegal war oder illegale Ziele verfolgte, was zu beweisen bleibt – und Information der Öffentlichkeit; ausschließlich diese förderte der RH-Fonds. ID (auch hier bin ich im Beirat) vertritt keineswegs RAF-Linie, im Gegenteil, er kritisiert sie aufs heftigste. Beides ist mir wichtiger, als in der FFA korporative Filmpolitik zu betreiben.

20. September

Mit Franz Seitz auf dem Kongreß Kleinwüchsiger Menschen in Goslar. Etwa 60 Zwerge in der Kaiserpfalz. Ergebnis: Oskar kann kein Zwerg sein, Oskar muß ein Kind sein, und zwar möglichst ein kleinwüchsiges. Ich spreche mit spezialisierten Ärzten, um an solche Kinder heranzukommen. Das ist nicht ganz einfach. Es ist zwar nicht mehr so wie früher, daß eine Familie, in der ein Liliputaner geboren wird, ihn versteckt, aber Öffentlichkeit sucht man auch nicht gerade. In München erzählt mir Dr. Butenandt vom Sohn eines Schauspielers, den er mir, ohne die ärztliche Schweigepflicht zu verletzen, nennen könne: David Bennent. Seinen Vater, Heinz Bennent, kenne ich gut. Er hat Katharina Blums Anwalt Blorna gespielt. Ich habe ohnehin an ihn gedacht – als Besetzung für den Gemüsehändler und Pfadfinderführer Greff. Das wird er mir jetzt nur schwer glauben.

Seinen Sohn habe ich nie gesehen. Familie Bennent ist in Ferien auf einer griechischen Insel. Ich schreibe ihnen einen Brief.

25. September

Mit David Bennent auf dem Oktoberfest. Ich hatte vorher mit seinem Vater telefoniert, um ihn abzuholen. Als ich ihn am Straßenrand stehen sehe, weiß ich, daß der Darsteller des Oskar Matzerath gefunden ist.

Ich photographiere David auf dem Oktoberfest, zusammen mit anderen Kindern zwischen drei und zwölf, um die Größenverhältnisse und das Verhalten zu vergleichen. David ist der Kleinste, wirkt aber am ältesten. Seine Eltern haben ihm das Buch schon vorgelesen. Er weiß Bescheid. Vom ersten Moment an haben wir einen professionellen Kontakt. Er weiß, daß er die Rolle seines Lebens gefunden hat und auch, daß er seine Rolle im Leben gefunden hat: Schauspieler sein. Abends sagt er zu seinem Vater: »So eine Rolle hast du nie und wirst du nie spielen!« Auch seiner Schwester Anna gegenüber – sie hat in der »Wildente« gespielt – triumphiert er.

Die Fotos belegen den spontanen Eindruck: David hat Präsenz.

30. September

Böll rief heute an. Er sorgt sich wegen »Katharina Blum« im Fernsehen, ob die Sendung überhaupt stattfinden wird. Bei seinem Sohn René, dem Maler, Hausdurchsuchung mit 40 Polizisten aufgrund eines anonymen Anrufes. »So was kann man für 20 Pfennig haben.« Er sagt, seine Frau und er seien völlig fertig. »Wir müssen durchhalten – ist ja ein blödes Wort, aber so ist es.«

1. Oktober

Ich habe eine erste Fassung geschrieben, chronologisch, fast ohne Dialog, wenig Kommentar. Jean-Claude Carrière ist heute nach München gekommen. Wir beginnen nach meinem Entwurf Szene für Szene als Drehbuch zu schreiben.

20. Oktober

»Die Blechtrommel« hat etwas holzschnittartig Grobes, manchmal ist es fast Kasperletheater. Dem entspricht im Film der frühe Chaplin. Oskar ist auch The Kid. Immer wieder die Revolte des Kindes gegen die Welt der Erwachsenen. Ganz einfache Situationen, wie beim Boxkampf, daß die Leute mitgrölen können im Saal.

Das Gegenteil von »Literaturverfilmung«, barbarisch oft in dem Sinne, in dem Glauber Rocha die südamerikanischen Filme so nennt.

Es gelingt nicht immer, in Oskars Haut zu schlüpfen. So wie er von sich bald in der ersten, bald kindlich verfremdend in der dritten Person spricht, muß auch die Filmerzählung mal ganz subjektiv sein, mal ihn erschrocken von außen zeigen. Da es ohnehin unmöglich ist, das Buch ganz nachzuerzählen, konzentrieren wir uns mehr und mehr auf die Zeitspanne von der Geburt bis zum Kriegsende. Die Nachkriegszeit, Oskar Matzerath in Düsseldorf, das wäre ein zweiter Film, mit einem anderen Darsteller. Arbeit für später. Warum nicht wirklich über diese Zeit, an die ich mich selbst erinnere, die fünfziger Jahre, eine »Blechtrommel, zweiter Teil« drehen?

28. Oktober

Spät abends, Alexander Kluge und ich kommen gerade aus Stutt-

gart zurück, wo wir vier Tage lang für unser »Deutschland im Herbst« gedreht haben. Ein Tag Staatsakt für Schleyer, ein Tag bei Mercedes-Benz, ein Tag mit Familie Ensslin im Pfarrhaus auf der Schwäbischen Alb und ein Tag das Begräbnis von Gudrun, Andreas und Raspe sowie die anschließende Polizeifalle. Ein so plötzlicher Einbruch von Wirklichkeit nach Monaten am Schreibtisch und im Büro ist schwer zu verkraften. Es ist mir etwas zugestoßen – wie Mutter Ensslin aus den Kriegsjahren einer deutschen Hausfrau mit vielen Kindern erzählt, wie Christine (eine Antigone) um ein gemeinsames Grab für ihre Schwester und die anderen kämpft, wie die ausländischen Arbeiter am Fließband eine Schweigeminute einlegen, wie die berittene Polizei im nassen, nebligen Herbstwald am Wege lagert. Das sind Eindrücke, die ein unmittelbares, dokumentarisches Kino rechtfertigen.

Es beirrt mich nicht in der Arbeit an der Blechtrommel, aber . . . Stichworte nach diesen Drehtagen: Land ohne Trauer. Generation der Verdrossenen. Ratlosigkeit. Sprachlosigkeit. Deutschland, das vergiftete Herz Europas, immer noch.

10. November
Gespräche mit Dr. Prescher und Intendant Hess. Der Hessische Rundfunk wird die »Blechtrommel« coproduzieren.

12. November
Paris. Nach einer Diskussion mit Jean-Claude Carrière: Beunruhigung wächst, Parallelen zu »Michael Kohlhaas« drängen sich auf – sprachliche Gewalt, die sich beim Ausmustern der Sequenzen immer mehr verflüchtigt und eine schematische Geschichte hinterläßt. Der Schriftsteller erzählt anders als in Szenen. Weitere Parallele: der Sprachmischmasch Deutsch – Französisch – Englisch.

13. November
Paris/London. Produktionsprobleme. Wir unterbrechen die Drehbucharbeit. Mindestkosten des Films, so wie wir ihn entwerfen, 6–7 Millionen Mark. Ein deutscher Film dieser Größenordnung scheint weder finanzier- noch amortisierbar. Von den amerikanischen Verleihen zeigt United Artists Interesse. Diskussionen in Paris und London: Kann man »Die Blechtrommel« durch entsprechende Besetzung zu einem internationalen Film machen? Roman Polanski oder Dustin Hofmann als Oskar vielleicht, Isabelle Adjani und Keith Carradine als seine Eltern? Wir sind uns bald einig: der Star des Films ist der Stoff. Je authentischer wir ihn darstellen, um so spannender wird der Film. Also keine Stars, keine englisch-amerikanische Fassung. Deutsche und polnische Schau-

spieler und ein zwölfjähriger Junge in der Hauptrolle – nur so kann man »Die Blechtrommel« machen.

Diese in schöner Einmütigkeit aller Beteiligten getroffene Entscheidung liegt allerdings quer zu allen kaufmännischen Überlegungen, d. h. angesichts des Risikos machen alle nur mit begrenztem Einsatz mit. Die Hälfte der Finanzierung fehlt noch.

Ich zeige die Fotos von dem kleinen David, der an der Oper in München schon Schlagzeugunterricht nimmt.

Bei der Arbeit mit Jean-Claude morgens wurde immer klarer, daß es nicht darum geht, Kriegs- und Action-Sequenzen zu drehen, oft gesehen und nie bemerkt; ebensowenig würden ausländische Stars den einzelnen Szenen etwas bringen.

Anatole bedauert noch einmal, daß ich mich in dieses »projet germanique« versteige.

Nun bereit für die Reise nach London. Ich weiß zwar nicht, was ich dort zu bieten habe, aber jedenfalls, was ich zu verteidigen habe: einen deutschen Film.

16. November

Rückflug von London. Mein Besuch bei den großen amerikanischen Verleihfirmen war nicht sehr ermutigend. Für Twentieth Century Fox ist der Film nur in englischer Sprache interessant. Auch Werner Herzog mache »Nosferatu« für sie auf englisch. Danke. Ich warte weiter auf eine Reaktion von United Artists, aber das kann noch dauern. In New York haben nämlich gerade die filmerfahrenen Bosse der Vorkriegsgeneration, denen »Die Blechtrommel« ein Begriff war, gekündigt, und niemand weiß, was nach ihnen kommen wird. Deshalb sitzen wir in München und warten auf Personalentscheidungen in New York.

Soweit zum Film. Leider gibt es anderes. Gestern abend rief Margarethe mich in London an: Christoph Wackernagel ist bei einer Schießerei in Holland gefaßt worden – er soll an der Schleyer-Entführung beteiligt gewesen sein. Ich weiß noch, wie er mit seiner Video-Kiste zu uns in die Wohnung kam, um uns seinen Vietnam-Film zu zeigen: ein Film über die Beteiligung der Bundesrepublik an diesem Krieg, für den es ihm an Anschauungsmaterial fehlte. Ein Bild der US-Hauptquartiere in Frankfurt und Heidelberg ist noch kein Beweis, auch wenn dort die Flugpläne der B 52-Bomber für Angriffe auf Hanoi ausgearbeitet wurden.

Wie kann man solche Querverbindungen im Film darstellen? Wir haben lange darüber diskutiert, und ich habe ihm Wochenschaumaterial besorgt.

Auf der Suche nach Schuldigen hat seine Mutter jetzt mich genannt als den bösen Verführer, ohne den Deutsche sich Geschichte nicht erklären können. Das ZDF hat diese Aussage auch schon in den Abendnachrichten gebracht. Worauf aus Bonn prompt gemeldet wird, aufgrund dieser neuen Lage habe ich meinen Rücktritt aus der FFA erklärt. Dieser »Rücktritt« überrascht mich etwas. Niemand hat mich gefragt oder versucht, mich zu erreichen.

Freunde in London, denen ich den Vorgang und die hysterischen Medien bei uns zu erklären versuche, betrachten mich verständnislos als leide ich an Verfolgungswahn.

Auswirkung auf Kinomarkt und mich als »Artikel« dort ist nicht abzuschätzen. Es könnte gut das Ende der »Blechtrommel« und anderer Projekte sein. Jedenfalls empfinde ich diese Entscheidung – meinen Rücktritt bekanntzugeben, ohne mich zu konsultieren – als sehr beleidigend, demütigend; wie sie einfach verfügen über »Künstler«, je nachdem, ob sie gerade nützlich sind oder lästig. Noch wutgeladen setze ich mich hin, schreibe den Verlauf meiner »Anhörung« und diese plötzliche Konsequenz auf als Beitrag für den Film »Deutschland im Herbst«.

22. November

Böll hat diesen Text gelesen. Statt der Geschichte meiner »Anhörung« durch die Fraktionsspitze in Bonn schlägt er vor, einen Regisseur vor dem Rundfunkrat zu zeigen. Eine Inszenierung der »Antigone« soll mit einem Distanzierungstext eingeleitet werden und wird schließlich ganz abgesetzt. Ich willige ein, weil ich diese Situation interessanter finde, als meine eigenen Schwierigkeiten darzustellen. Auch können wir so die in Stuttgart sehr stark empfundene Antigone-Parallele fortsetzen.

30. November

Fahrt nach Nancy, Metz, Strasbourg, in die Universität und Goethe-Institute.

Mein Thema ist wieder einmal: Literaturverfilmung. Ich lese viel und gern, Lesen ist eine Art, Wirklichkeit zu erfahren.

Ich suche die *Wirklichkeit* hinter dem Buch, das, wovon der Schriftsteller ausgegangen ist.

Vorführung von »Törless«, »Baal« und »Katharina Blum«. Ich bin gezwungen, über meine Filme nachzudenken. Es ist immer Literatur als Auskunft über deutsche Geschichte.

Jemand rebelliert und scheitert dabei. Seine Stärke und Schönheit liegt in der Auflehnung: das ist der Moment, in dem er lebt, was wichtiger ist als das Scheitern. Das Scheitern ist in uns Deutschen seit den Bauernkriegen und den fehlgeschlagenen bürgerlichen Revolutionen sowieso angelegt. Trotzdem nicht entmutigend, weil der Sinn im Auflehnen selbst liegt. Oft will der Gescheiterte sogar dann in die Gesellschaft wieder aufgenommen werden: Michael Kohlhaas ebenso wie in »Strohfeuer« die Frau, die aus der Familie ausgebrochen ist.

Bei »Baal«-Vorführung im Audimax in Straßburg gleich das erste Bild sehr stark: wie Rainer Faßbinder unter dem Himmel läuft. Diese unmittelbare Kraft des Außenseiters, der einfach da ist und sich verweigert – das ist es, was Oskar auch haben muß.

3. Dezember

Im Topf der Projektförderung soll laut Seitz nur noch wenig oder kein Geld mehr sein. Wir beschließen deshalb, dieses Jahr nicht mehr einzureichen. Da alle anderen Gelder aber von dieser Initialzündung abhängen, ist alles wieder ungewiß. Wir verschieben unseren Stichtag zur Beendigung der Finanzierung vom 15. Januar auf 1. März.

6. Dezember

Heute bei Böll, leider nur für zwei, drei Stunden, da Flugzeug wegen Eisregen nicht in Köln landen konnte und ich ab Frankfurt mit dem Zug fahren mußte.

»Die verschobene Antigone« erinnert sehr an Dr. Murkes gesammeltes Schweigen: Satire auf die Ängstlichkeit der Redakteure, den Unsinn der Politiker aller Farben und der Gewerkschaften in den Gremien. Diese komische Einlage wird dem sonst bedeutungsschwangeren »Deutschland im Herbst« wohltun. Ich freue mich, weil es leicht zu inszenieren ist und doch sinnvoll. Fraglich, ob Antigone tatsächlich als »einfach zu aktuell« verschoben würde, aber möglich.

7. Januar 1978

Angela (Winkler) hat die Antigone gespielt, hochschwanger: ihr zweites Kind kommt im Februar. Sie wirkt wie eine junge Magnani, wunderbar als Oskars Mutter. Seine mutmaßlichen Väter: Mario Adorf und am liebsten Daniel Olbrychski.

13. Februar

Mit Jean-Claude Carrière drei Tage bei Grass.

»Protestantisch und kartesianisch« nennt er unser Drehbuch. Es fehlt ihm der irrationale Einbruch der Zeit, die Knotenpunkte, wo alles tragikomisch zusammenstößt und -bricht. Er verlangt mehr harten Realismus einerseits, mehr Mut zum Irrealen andererseits. Phantasie als Teil der Wirklichkeit, Oskars Wirklichkeit.

Diese wenigen Stichworte genügen, um uns an eine neue Fassung zu setzen. Dabei erweist sich der Umweg über unsere gradlinige Story als sehr nützlich. Wir sind weg vom Roman, eine autonome Erzählstruktur für den Film ist da, die wir jetzt ergänzen, zerschlagen und beleben können.

Zwei Reisen nach Gdansk führen uns weiter von der Literatur zur Wirklichkeit. Wir suchen die Schauplätze des Romans auf, die fast alle noch erhalten sind. Wie klein und eng alles ist, wie überschaubar dieser Vorort zwischen Eisenbahndamm und Straßenbahnlinie: eine Kirche, eine Schule, die Brauerei, ein paar Geschäfte . . . Dieser Mikrokosmos ist für Oskar die Welt. Aber beim Umsetzen in Bilder genügt es nicht, diesen Vorort abzufilmen, wie er wirklich war (oder noch ist), sondern wir müssen die Bilder herstellen, die man sich beim Lesen vorstellt. Also ein erinnertes, durch Zeichen heraufbeschworenes Danzig. Es ist ohnehin unsicher, ob wir in Polen drehen können.

26. Februar

Reisen nach Lübeck und Kopenhagen als mögliche Danzig-Schauplätze und nach Jugoslawien; Motivsuche in Zagreb für die Massenszenen und die Polnische Post.

1. März

In Genf im Theater Daniel Olbrychski gesehen. Er wird Jan Bronski, Oskars zweiten mutmaßlichen Vater, den Polen, spielen.

Die FFA verschiebt Entscheidung über unser Projekt auf das nächste Mal, wenn es ein nächstes Mal gibt, denn das FFG läuft aus. Jedenfalls nichts Neues vor Ende Mai.

Die Stadt Berlin kündigt ein Kreditprogramm für Film an. Niemand weiß, wann es anlaufen wird, da noch keine Richtlinien verabschiedet sind. Wir müssen den geplanten Drehbeginn von Mai auf August verschieben.

5. April

Valeska Gert gestorben. Für mich ist ihr Leben ein Beispiel dafür, wie sehr sich in uns der Zeitgeist ausdrückt, wie sehr unsere Entwicklung, unser Talent von der Gesellschaft abhängt. V. G. hat die fabelhafte Dynamik der zwanziger Jahre gehabt, 1917 schon ging's los, der Aufbruch. Dann, 1933, bei der Machtergreifung, war sie wie gelähmt, und nach dem Krieg, als sie aus Amerika zurückkommt und einen Neubeginn erwartet: die toten 50er Jahre! Valeska Gert – barbarische Kunst – deutsche Kunst. Simplicissimus, Breughel, kein Expressionismus, sondern Realismus: grotesk und irrational und nicht eingeengt zum Naturalismus.

13. April

London. Mit Igor Luther in den Pinewood Studios bei Ken Adam wegen der special effects. Rundgang durch Studios und Kens Arbeitsräume. Ich bin zunächst entmutigt, weil er Mittel und Mitarbeiter hat, wie wir sie wohl nie kennen werden. Daher das Gefühl, sich auf einen Wettbewerb eingelassen zu haben, den wir nicht gewinnen können. Es gibt hier, wenigstens für die paar großen Projekte von Stanley Kubrick und ein paar anderen, die Möglichkeit, wirklich etwas miteinander zu entwickeln. Solche Arbeitsbedingungen gibt es bei uns nur am Theater. Andererseits ist die Arbeit natürlich vom Inhalt ganz losgelöst. Meist entstehen anonyme Produkte (James Bond), die außer dem artistischen Können nichts bedeuten, auch denen nicht, die sich dabei ausleben.

16. April

Zurück in München. Was mich bis zum Aufgeben entmutigt, sind folgende Schwierigkeiten:

die Vorbereitung ist nur »Feuerwehrübung«, weil mangels endgültiger Verträge Geld zum Probieren und Engagieren fehlt

die Ausführung ist auf der praktischen Seite durch das Fehlen guter Techniker, vor allem special effects, gefährdet

die Vertragssituation wird bis zum letzten Moment prekär sein – jetzt z. B. wieder UA durch den Rücktritt der »Executives« in New York in Frage gestellt; Berlin-Kredit immer noch nicht verabschiedet, Abschreiber warten, FFA vertagt

kein brauchbares Atelier in Berlin

ein Film in deutscher Sprache in dieser Größenordnung nicht amortisierbar . . .

25. April

Anruf aus Warschau: wir können die Außenaufnahmen von Danzig in Gdansk drehen!

Daniel Olbrychski und auch Vojtek Pszoniak (Fajngold) o. k.

1. Mai

Besetzung abgeschlossen, mit Ferréol und Aznavour dazu – allerdings können wir mangels Finanzierung noch keine Verträge machen. Immer wieder müssen wir die Schauspieler und Techniker mit Versprechungen hinhalten.

3. Mai

Flug nach Berlin: Kathie Thalbach noch mal sehen als Besetzung Maria (Brausepulver). Ihre Energie: natürlich mehr Kellerkind als Mädchen vom Lande. Obszönes der Beziehung zu Oskar: sie hat Augen einer Frau, sieht ihn von Anfang an ganz anders an, nicht nur als Kind. Sicher paßt sie besser für alle Szenen, nachdem sie Frau Matzerath geworden ist.

4. *Mai*

Flughafen Schönefeld – Abflug nach Warschau.

Gestern abend von Axel Manthey sehr schöne Modellfotos für Wohnung Matzerath gesehen. Er hat die Raumaufteilung so gelöst, daß immer Durchblicke und Verbindung von Laden und Wohnung sowie von allen Zimmern untereinander besteht.

Axel will jeden Raum und jede Wand wie eine Plastik oder ein environment behandeln.

6. *Mai*

Warschau. Wir sprechen mit Film Polski alle für Danzig vorgesehenen Sequenzen durch; dabei kommen wir von ursprünglich einer Woche bald auf drei, heute haben wir sogar auf sechs erweitert, also fast den halben Film in Danzig zu drehen. Alles ist möglich.

Nachmittags gehen wir in die Altstadt, fast ein Ferientag. Welche Liebe und Mühe hier aufgewendet wurden, wie stark das Geschichtsbewußtsein hier im Gegensatz zu der Geschichtslosigkeit bei uns!

Abends im Theater treffe ich Andrej Wajda, mit dem ich in der Pause kurz spreche – über »Die Blechtrommel« natürlich. Es sei gut, daß ein Deutscher dieses so deutsche Buch verfilme, meint er, der es selbst schon einmal machen wollte.

14. *Mai*

Wieder bei Grass, fast ein Jahr nach dem ersten Besuch, diesmal mit dem fertigen Drehbuch: es ist jetzt katholischer und weniger rational, allerdings auch wieder umfangreicher, etwa 2½ Stunden Film. Wir überarbeiten noch einmal den Dialog, was uns beiden viel Spaß macht. Es wird zwar kein Lustspiel, aber jedenfalls sehr komisch. Kein Mißtrauen mehr gegen den Filmemacher, keine Angst mehr vor dem Autor. Ein Jahr Arbeit hat uns nähergebracht. »Nächstes Mal schreiben wir gleich ein Originalbuch«, meint er, als ich gehe.

21. *Mai*

Drei Tage in Cannes, mit Margarethe, die »Das zweite Erwachen der Christa Klages« zeigt.

Verhandlung mit Polen und Jugoslawen, die alles vorbereitet haben, um den Vertrag abzuschließen. Hektisches Telefonieren, Treff mit Simone Signoret: wunderbar ihr verschlossenes Gesicht, beobachtend, abweisend und abwägend. Ganz Anna Bronski, die Urmutter, unter deren Röcken Oskar sich verkriechen will. Aber sie reist ungern und sie fragt sich – mit Recht –, was gerade sie in einem so deutschen Film soll.

23. Mai

Flughafen Genf. Taxi zu Aznavour (der am gegenüberliegenden Ufer des Sees wohnt), um mit ihm über die Rolle des Spielzeughändlers Sigismund Markus zu sprechen. Er ist erst seit 3 Tagen in dem Haus, überall Kisten und verpackte Möbel. Er gefällt mir sehr, wir verstehen uns sofort. Kleiner als ich dachte, sehr zärtlich mit seiner 6jährigen Tochter, die gerade die Milchzähne verliert. Er spricht einfach, klug; liest viel, wie er sagt, zeigt mir auch Grass-Bücher, die er sich dann signieren lassen will ... Und sammelt Filme auf Video, besitzt schon über 1000 Stück, Capra-Zyklus, Carné.

Wir kommen zur Sache.

Er hat das Buch sehr aufmerksam gelesen und findet Fajngold die bessere Rolle, weil er eine Vergangenheit hat: er kommt aus Treblinka. Dagegen weiß man von Sigismund Markus wenig.

Ansonsten sind die Rollen der beiden Juden gleichwertig. Sie ergänzen sich so, daß eigentlich ein Schauspieler beide darstellen könnte. Sigismund Markus ist Oskars Spielzeughändler und verehrt seine Mutter. In der Reichskristallnacht bringt er sich um. Das ist etwa zur Halbzeit des Films, und man muß Sigismund Markus bis zum Schluß nachtrauern, damit Fajngolds Auftritt 1945 sofort an ihn erinnert. Deshalb ist die Besetzung mit einem Star auch dramaturgisch sinnvoll. Der dem KZ Entkommene sollte dagegen anonym bleiben.

Wir überlegen, wo und wie Markus einen Moment für sich haben könnte. Aznavour meint, es sei wichtig, ihn einmal allein zu sehen. Vielleicht auf dem Friedhof, nachdem man ihn bei Agnes' Beerdigung als »Itzich!« weggejagt hat. Er könnte abends allein zurückkommen an das Grab der Frau Agnes, die er verehrt hat, der er seidene Strümpfe geschenkt hat und »die jetzt schon dort ist, wo alles so billig ist«.

Es erweist sich wieder, wie wichtig es ist, ein Drehbuch mindestens einmal mit den Augen des Darstellers einer jeden Rolle zu lesen.

Flug Zürich–München. Jetzt drei Tage hier, dann wieder Polen – das sind dann bald die letzten Reisen! Uff, denn Tage wie heute sind schön. Es kommt zusammen, wir scheinen Rückenwind zu haben – aber: mit Simone Signoret nach abenteuerlicher Autofahrt in St. Paul reden, Mittagessen mit Anatole Dauman und seinem Verleihchef, nach Genf fliegen, zu Aznavour ans andere Seeufer fahren, reden und ihn gleichzeitig beobachten, zurück zum Flughafen, umbuchen, einchecken, in Zürich im Dauerlauf umsteigen: zu viel auf einmal. Heute abend noch Jean-Claude anrufen, damit er die Großmutter-Texte für Signoret bearbeitet.

Abends schreibe ich für Aznavour die Markus-Szenen um und bringe sie zur Post. Der kleine Zusatz auf dem Friedhof gefällt mir gut.

25. Mai

Am 5. Juni soll die Entscheidung über den Berlin-Kredit fallen, am 12. Juni diejenige über das Darlehen der FFA-Projektkommission. Bis dahin muß die Vorbereitung Feuerwehrübung bleiben.

2. Juni

Nach langer West-Ost-Irrfahrt in Gdansk.

Aznavour hat gestern zugesagt, und Vertrag ist o. k. Heute morgen in Berlin bei Kathie. Sie liest die neue Fassung. In Berlin-Schönefeld Flug Verspätung. In Warschau sind die Maschinen nach Gdansk beide ausgebucht. So fliegen wir nach Slupsk und fahren von dort per Taxi nach Zoppot.

Alleen über sandigen Wegen, einsame Eisenbahnlinie, dunkler Wald, leicht hügelige Felder, der Horizont von Hügel zu Hügel tiefer. Darüber ein auch am Abend noch heller Himmel. Wege in Wälder hinein, über Hügel, sich schlängelnde Flüsse. Stille. Weite. Diesem Land würde ich auch nachtrauern. Zanussi sagt, was ihm am »Fangschuß« so gefallen hat, ist eben diese Trauer um den »verlorenen Osten«. Sie ist menschlicher, als einfach abzuschreiben und zu vergessen. Trauer ist nicht revanchistisch.

4. Juni

Rückflug, Sonntag abend ist es, nach Warschau.

Zwei Tage lang haben wir noch mal alle Schauplätze der »Blechtrommel« aufgesucht, zusammen mit unserem polnischen Team.

Vor dem Hotel in Zoppot stehen Strandkörbe und Liegestühle im Sand, die Sonne steht hoch am Himmel, und die Ostsee ist so träge und glatt, wie man es sich nur vorstellen kann. Atmosphäre 1900, man wartet auf Herren im Strohhut und Damen in weißen Strandkleidern, vor allem auf dem langen, hölzernen Seesteg, wo die weißen Ausflugsdampfer anlegen.

Wir diskutieren die »Blechtrommel«, Deutsche und Polen, vor allem die Kaschuben, die Andrej, unser Regieassistent, nicht als dritte Gruppe neben die Polen gestellt sehen will, sondern einfach als Ureinwohner polnischer Nationalität. Es ist mehr diplomatische Mission bisher als Motivsuche. Alle interessieren sich sehr für das Projekt. Trotz der schlecht übersetzten Drehbuchauszüge muß irgend etwas rübergekommen sein.

5. Juni

Warschau. Mit Zanussi in der Altstadt. Die starke Geschichtsverbundenheit der Polen. Das Land, das ein Drittel seines Territoriums und fast die Hälfte seiner Bevölkerung im Krieg verloren hat, dessen Städte zu 80 bis 90 Prozent zerstört waren, konnte nur durch die Wahnsinnstat der Rekonstruktion der historischen Städte das einzige retten, was ihm geblieben war: die nationale Identität. Sie ist für das Überleben Polens schon immer wichtiger gewesen als Fabriken und Armeen. Auch das Deutsche an Danzig gehört zu Polens Geschichte, daher der Wiederaufbau auch dieser Stadt.

6. Juni

Warschau. Anruf von Franz Seitz aus München. Der Berlin-Kredit ist bewilligt, wir können den Vertrag mit Polen abschließen.

10. Juni

Zagreb, Verhandlung mit Jadran-Film.

Viertel vor sieben morgens im Frühstücksraum. Die Tür zur Terrasse ist offen, draußen sprengt der Gärtner die Blumenkästen. Es ist angenehm frisch. Im Zimmer war es trotz offenem Fenster und offener Tür zum Flur so heiß, daß schon das Umdrehen auf dem Bett Schweißausbrüche verursachte. Ich bin um 6 Uhr früh los zum Bahnhof, wo schon viel Betrieb ist, um einen Espresso zu trinken. Dann quer durch die Stadt. Die alte Frage: Warum mach' ich das alles? Was treibt mich an? Ich kann es nur mit der Negativen beantworten: Um keinen anderen Beruf, kein anderes Leben zu leben.

Als wir gestern bei einem kleinen Wanderzirkus waren – auf der Suche nach einem alten Zelt – und im Wohnwagen des Zirkusdirektors bei einem Kaffee aus Pappbechern saßen, erzählte ich, wie ein Zirkusbesuch, die Vorstellung von einem Leben immer unterwegs, mich letztlich zum Film gebracht hat. Erinnerung an meinen ersten Zirkusbesuch: die fünf Zirkustöchter auf spiegelnden Kugeln, in glitzernden Kleidern, wie sie eine weitgeschwungene Spirale hinaufbalancieren. Daher der Wunsch, Zirkusdirektor zu werden – und über diesen Wunsch zum Film: von der Zirkusprinzessin als Traum in die Traumfabrik.

Der Mann, Zigeuner aus Landshut, sagt, er sei 28 und seit 7 Jahren Zirkusdirektor. Es lohne sich nicht. Mit 28 schon nostalgisch. Er wirkt wie Ende dreißig. Hinter ihm spült seine Frau; zwischen ihren sehr breiten Füßen spielen nackte Kinder am Boden. Sie ist Seiltänzerin.

Auf die Frage, warum ich das alles mache, kann ich also nur antworten: Um solche Leute zu treffen, um sie darzustellen, zu schildern, wie sie sich ihrerseits die Frage stellen: Warum eigentlich? – und es doch machen.

12. Juni

FFA-Projektförderungs-Darlehen heute bewilligt. Es kann losgehen: morgen Musikaufnahmen in Berlin für die Playbacks, nächste Woche Kostüm- und Maskenproben aller Darsteller, in sieben Wochen Drehbeginn!

Endlich können wir Verträge machen. Die Besetzung ist abgeschlossen. Nachdem ich in Berlin Berta Drews kennengelernt habe, trauere ich Simone Signoret nicht mehr nach. Berta Drews ist viel authentischer: sie kommt aus Königsberg, hat breite Backenknochen, eine kleine Kartoffelnase, sie spricht die Sprache, und ihre wäßrig blauen Augen schauen mitleidslos und wie aus einer anderen Zeit. Ein abweisendes Bauerngesicht, nichts Anbiederndes. Außerdem paßt sie gut zu Tina Engel, die die Großmutter in jungen Jahren spielt.

17. Juli

Endlich ist ein Tonmeister gefunden: Peter Kellerhals, mit dem ich mich gerade in Berlin getroffen habe, um Einzelheiten der Stereoausrüstung zu besprechen. Auch ein special-effect-Mann ist engagiert: Jaconelli aus Paris, ein Tüftler, der schon dabei ist, mit Nikos Perakis Glas aller Größe und Stärken zu zersprengen, zerschießen, zerplatzen zu lassen, um die Wirkung von Oskars glastötendem Schrei zu erzielen.

Jetzt, da allmählich alles bereit ist, holt die Angst mich ein. Heute nacht im Traum erlebte ich in allen peinlichen Einzelheiten die erste Vorführung des fertigen Films, in Paris natürlich, vor 600 geladenen Gästen. Schon während der letzten Sequenz (wo Oskar eigenartigerweise als Säugling auftritt und mit seinen Knöcheln behutsam einen Walzer klopft) verlassen die Leute den Saal. Als dann das Licht angeht, allgemeine Aufbruchsstimmung. Kein Wort, nicht mal höflicher Verlegenheitsbeifall. Neben mir gehen Henri Colpi, der den Film ursprünglich schneiden sollte, ihn im Traum auch geschnitten hat, und Suzanne Baron, die tatsächlich die Cutterin sein wird, die im Traum aber nur Ratschläge gibt, wie vieles noch zu verbessern sei. Ich winke ab: Das nützt jetzt nichts mehr.

Der Traum ist leider gar nicht nur traumhaft, er zeichnet sehr genau (oft) Erlebtes nach – deshalb ist er mir auch so in die Glieder gefahren.

20. Juli

Alles, was wir bisher an Möglichkeiten und Ideen entworfen haben, muß jetzt verwirklicht werden. Das ist oft schwieriger als das Erfinden. Andererseits ist das Handwerkliche meine Stärke und mein Vergnügen.

Hauptproblem bleibt das Glaszersingen. Bernd Lepel, Axel Mantheys Assistent, der jetzt mit Nikos arbeitet, bedauert, daß man nicht genau sieht, wie das Glas sich allmählich auflöst und in sich zusammenfällt.

Mit Igor arbeite ich am Drehbuch, das ist die größte Freude. Die Bilder entstehen, einfach und klar im Aufbau, keine Mätzchen, keine Übertreibungen, nichts Äußerliches oder Technisches. Die Farben wie auf altem Spielzeug oder bei dem Nürnberger Fabrikantensohn und im New Yorker Exil gestorbenen Maler Lindor.

Optische Verfremdungen nur für die Zeit vor Oskars Geburt: hier wollen wir mit der ASKANIA (einer alten Stummfilmkamera mit Handkurbelantrieb) drehen, zum Teil auf Positiv- statt Negativmaterial. Infrarot für Oskars Visionen und Träume: kontrastreich und grell wie Kinderzeichnungen.

22. Juli

Zum Glaszersingen soll jetzt ein Tongenerator von den Opelwerken kommen, um das Glas tatsächlich akustisch zu »zersingen«.

24. Juli

Ankunft des Teams in Zagreb. Sommerhitze, endlich.

Wir fahren gleich vom Flughafen zu unserem Hauptdrehort, einer vormals k. u. k. Kaserne mit großem, von Kastanien umgebenen Exerzierplatz. Der europäische Imperialismus des 19. Jahrhunderts hat dafür gesorgt, daß Kasernen und Verwaltungsgebäude sich überall gleichen. Der rote Klinkerbau in Zagreb wird unsere Polnische Post in Danzig sein. Er gleicht dem Original völlig. An der Straßenseite sind Mauerpfeiler und Gitter nach Danziger Vorbild errichtet worden. Die special-effect-Leute stehen davor und streiten sich, wie sie das Ganze am besten sprengen werden – denn nur dafür ist es aufgebaut. Innen hat der jugoslawische Architekt Senećić, ein Allroundkünstler, der auch malt und Stücke schreibt, eine sehr schöne Schalterhalle gebaut.

Wir warten auf eine Kiste aus Lodz, die polnische Briefmarken, Poststempel, Bekanntmachungen usw. enthält.

Auf dem Exerzierplatz steht eine riesige Tribüne aus dicken Holzbalken wie für die Ewigkeit gebaut. Unter ihr soll Oskar sitzen und die Großkundgebung mit seiner Trommel zum Tanzen bringen.

Ich finde die Holzkonstruktion zu edel, Nikos belegt mit Dokumenten aus Nürnberg. Es ist heiß und staubig auf dem Platz, überall stehen Grüppchen der Produktion, überall ist Streit.

Senećić versteht sich nicht mit Nikos und umgekehrt. Beide reden nur einzeln mit mir, ich muß vermitteln – nur ein Beispiel für die Spannungen, die überall zu spüren sind.

Die Sprachen, ein Chaos.

Jaconelli, der special-effect-Mann, spricht nur französisch. Nikos hat jetzt keine Zeit mehr, sich – wie in München bei der Vorbereitung noch – um ihn zu kümmern. Monsieur, ich kehre besser um, solange noch Zeit ist, meint Jaconelli mit traurigem Blick. Die tiefere Ursache seines Kummers erfahre ich noch nicht. Ali müßte sich um ihn kümmern. Doch er, der sonst alle Schwierigkeiten für mich einebnet, hat selbst genug zu tun mit den Jugoslawen, die nur den Herrenreiter in ihm sehen. Sein Ton und der makellose Sommeranzug sind an diesem Mißverständnis schuld. Sie müssen sich erst noch kennenlernen, denke ich optimistisch, als Dagmar Niefind, Yoshy und Inge Heer völlig verstört auftauchen: vier oder fünf Tonnen Kostüme sind seit Tagen da, mangels Kleiderbügeln und -stangen konnten sie aber nicht ausgepackt werden. Solche Schwierigkeiten kennen sie vom Theater natürlich nicht. Beim Film muß man sich um alles selbst kümmern. Igor steht mitten in dem Trubel und merkt von allem nichts. Er hat am Tribünenfuß eine tote Taube entdeckt, die er photographiert ... So entzieht auch Oskar sich oft den Ereignissen, indem er bei Simultaneität des Geschehens einfach einer Nebensache den Vorrang gibt, zum Beispiel den Ameisen im Zuckersack, als die Russen in Matzeraths Keller eindringen.

Es fehlt uns ein Zirkus mit Pferdenummer. Ali hat in Split einen entdeckt: zwei Stunden Flug oder zwei Tage Lkw-Fahrt. Einem solchen zusätzlichen Streß will ich uns nicht aussetzen. Vereinfachen, vereinfachen! In der Nähe ist Lipizza, wo's Pferde genug gibt, ein altes Zirkuszelt hat Jadran-Film gefunden: wir werden uns einen eigenen Zirkus zusammenstellen.

Abends: die sprachliche Vermittlung fällt mir leicht, macht sogar Spaß. Ich will nichts erzwingen, habe ich mir ins Drehbuch geschrieben. Also muß ich so zuversichtlich sein, daß es die anderen auch sind (ansteckt). Zur Abwechslung einmal nicht zweifeln.

Tatsächlich finde ich es überhaupt ein Wunder, daß wir hier sind, mit riesigem Team und Mitteln, um den Film zu machen. Das Wichtigste ist, das Team zusammenzuführen, Sprachen und künstlerische Eitelkeiten zu überbrücken. In allen Ecken wird gemosert und geschimpft, sogar jetzt höre ich's von der Terrasse vor dem Hotelfenster. Alle sind unsicher und versuchen sich gegenseitig verantwortlich zu machen.

Es bleiben uns zwei Tage vor Drehbeginn.

Wichtigste Aufgabe morgen und übermorgen, denn Donnerstag ist jugoslawischer Nationalfeiertag: die Schwierigkeiten auflisten, alle zusammenzuführen, ihnen das Gemeinsame an der Arbeit zeigen, die Machbarkeit unterstreichen.

25. Juli

Heute morgen um 6 Uhr hab' ich es nicht mehr ausgehalten: alle Fragen und Probleme aufgelistet und doch Eberhard angerufen, er müsse heute kommen. Zu wirr war es gestern, zu unübersichtlich, zu unklar, ob wirklich nichts geht oder ob nur Panik herrscht. Nur wenn Eberhard in der Produktion arbeitet, nur wenn ich weiß, daß er den Überblick hat und mit allen spricht, kann ich mich auf ein Motiv oder eine Szene konzentrieren.

Bis Mittag war's dann doch noch sehr chaotisch. Der special-effects-Mann, Jaconelli, liegt im Krieg mit den Jugoslawen: Sonntag bei der Ankunft hat er bemerkt, daß das Hotel Esplanade für ihn und seine Frau, die ihn begleitet, zu teuer ist. Er packte einfach und zog aus. Inzwischen hatte aber sein Hund, ein winziger Pinscher, ins Zimmer geschissen und in der Halle an einen Marmorpfeiler gepinkelt. Die Direktion war empört: Donko muß sich für Jadran-Film entschuldigen und ist in seinem Stolz als Balkanese getroffen. Der hiesige Pyrotechniker, Nikolas, spürt diese Spannungen, und die Kommunikation zwischen beiden läuft nur über Dynamit. Sie wetteifern im Sprengen von Wandstücken, mal aus Kunststoff, mal aus Ziegelstein. Hinter uns knallt es immer öfter, bis die Produktion Jaconelli stoppt, weil er keine Lizenz für Jugoslawien hat. Vergeblich und beharrlich gehe ich mit ihnen durch die Räume, um Einschläge und Schäden für die einzelnen Kriegs-Einstellungen festzulegen.

Inzwischen marschieren draußen, laut trommelnd, Pimpfe und HJ auf. Da stimmen die Instrumente und die Uniformen: die Tribüne sieht gleich ganz anders aus, stehen sie davor.

Abends zwei Stunden mit jugoslawischen Schauspielern gesprochen. Und ein von E. J. offeriertes riesiges Versöhnungsessen für

18 Mann Team soll Barrieren abbauen. Alles endet im Slibovitz.

26. *Juli*

Heute morgen, als ich ins Büro komme, sitzt Herr Lustig am Tisch. Er hat seinen Urlaub in Palermo abgebrochen und ist zu uns gestoßen, als Regieassistent oder Hilfsregisseur oder noch besser Zusatzregisseur. Ein alter Jude, der alles gesehen und erlebt hat, beim Film und im Leben. Nach ein paar Minuten sind wir schon an der Maiwiesen-Sequenz. Er spricht mit Igor und mir über die Aufteilung der Einstellungen, als ob er schon alle unsere monatelangen Vorgespräche kenne.

Was Oskar sieht, müssen wir filmen. Er ist unser Standpunkt; keine objektive Geschichtserzählung. Herr Lustig betrachtet aufmerksam das Foto von David.

Er hat die richtigen Augen für Oskar, sagt er. Wie alt ist er?

Zwölf.

Er nickt nachdenklich. Ich bin so von Branco Lustig angetan, daß ich gleich frage, ob er nicht mit uns nach Polen kommen will.

Da war ich schon, sagt er, vor 33 Jahren.

Ich kann mir denken, unter welchen Umständen ...

Ja, sagt er, von 42 bis 9. Januar 45 in Auschwitz.

Wie alt waren Sie da?

Zwölf.

Er streift den Ärmel zurück und zeigt die Nummer.

Hab ich ein kleines Andenken.

Bei Ankunft der Russen wurde er noch nach Dachau transportiert, nach Mauthausen von dort, um schließlich in Bergen-Belsen von den Engländern befreit zu werden.

Hab ich Glück gehabt, immer ...

Dann schauen wir uns Fotos von Naziaufmärschen an, um Einzelheiten der Tribüne festzulegen.

Nachmittags in der Polnischen Post versuchen wir mit unseren beiden Pyrotechnikern, dem Franzosen und dem Jugoslawen, einige Einschüsse und Explosionen. Lauter langweilige, in jedem Fernsehfilm zu sehende Aktion-Effekte. Mehr als befürchtet spüren wir das Fehlen eines erfindungsreichen special-effects-Mannes. Weder für das Zerschießen des Kinderspielzeugs noch für die vielen Glaseffekte haben wir brauchbare Lösungen. Zunächst retten wir uns in uralte Filmtricks: Doppelbelichtungen in der Handkurbelkamera, Einzelbildaufnahmen und Zeitlupen-Kasperletheater im Verhältnis zur Perfektion der »Unheimlichen Begegnung«, Kubrick-Filmen usw. Können wir diese einfachen Tricks à la

Meliès verwenden – gerade um das Kindliche zu unterstreichen – oder müssen wir das alles später nachdrehen, mit Inserts und Großaufnahmen?

Abends bei Senećić: er spricht nochmals von der Dekoration, besonders Wohnung Matzerath und Keller, die er sich in ganz verschiedenen Dimensionen vorstellt – so wie Oskar sie sieht bei der Geburt, als Dreijähriger und dann mit zwanzig. Möbel von unten gesehen, vergrößert gebaut, um seiner wechselnden Perspektive zu entsprechen.

Kommen wir an Orte der Kindheit zurück, die in der Erinnerung weit und groß sind, finden wir sie eng und klein. Alle diese Überlegungen, die Ken Adam auch schon angestellt hatte, habe ich fallenlassen – nicht nur mangels Mitteln, sondern auch, weil Oskars Blick auf die Welt der Erwachsenen nicht eine Frage der optischen Perspektive ist. Grass zitiert zwar immer wieder den »Dritten Mann«, Orson Welles und Weitwinkelobjektive. Aber gerade das will ich nicht. Es würde einen ganz und gar künstlichen Atelierbau voraussetzen, wir dagegen drehen hauptsächlich an Originalschauplätzen. Auch Grass geht ja von realistischer Beobachtung aus, ehe er sie von der Phantasie aufbrechen und sich offenbaren läßt. So soll auch Oskar eher das Verhalten der Erwachsenen beobachten als architektonische Perspektiven – so reizvoll und »künstlerisch« diese auch wären.

Eben hast Du mich angerufen (Du: das ist immer Margarethe von Trotta, die mir das Schulheft für dieses Tagebuch geschenkt hat und für die ich eigentlich alles aufschreibe, weil sie zum ersten Mal nicht dabei ist). Jutta Lampe hat Deine »Balance des Glücks« gelesen und will mitmachen. Ich merke, wie ich mich über diese Zusage nicht nur freue, sondern selbst ermutigt fühle.

27. Juli

Jugoslawischer Nationalfeiertag, den wir gern mitnehmen. Ungewohntes Ausschlafen. Zeitunglesen. Aufarbeiten der Maiwiese, diesmal nochmals schriftlich: es ist eine Sequenz, die auch wegen des musikalischen Teils einfach bedient werden muß. Jede Extravaganz der Kamera würde stören.

Für den Übergang vom Volksempfänger zur Kundgebung benutzen wir die Masche der Deutschen Wochenschau. Oskar sitzt zu Hause vor dem Volksempfänger und hört die Übertragung einer Großkundgebung. Er stellt sich das Ganze in Bildern wie aus der Deutschen Wochenschau vor, und wir filmen zunächst in diesen Einstellungen. Statt Filmnegativ benutzen wir dabei Positivmaterial, so daß die Sequenz wie aus dem Archiv geholt wirkt. Erst mit Oskars Ankunft auf der Maiwiese übernehmen wir seine Perspektive.

Mittags gehen wir durch die Polnische Post, deren Einrichtung jetzt endlich pedantisch bürokratisch wirkt. David ist mit seiner Mutter angekommen. Er ist so aufgeregt, daß seine Stirn naß von Schweißperlen ist. Gleich springt er mir auf den Schoß, umklammert mich und löchert mich mit Fragen. So viel Liebe laß ich mir gern gefallen – auch wenn ich sie wohl mehr meiner Funktion verdanke. Fast meine ich, seine Mutter müsse eifersüchtig sein.

Er fühlt sich wie ein König, sagt er. Das Hotelpersonal steht ihm zu Diensten; ich habe ihm zwei Kilo Schokolade, Bonbons und Kekse aufs Zimmer gestellt. Er weiß, daß er der wichtigste Mann des Unternehmens ist und genießt es wie ein rechter Gernegroß mit kindlicher Hemmungslosigkeit. Dazu raucht er kleine Holunderhölzchen, die er sich im englischen Garten geschnitten hat – sehr zum Entsetzen der Kellner, die meinen, es seien Zigarillos.

Ich ermutige ihn in seiner Euphorie: Oskar wird ja auch bestätigt in seinem Größenwahn. Für Rückschläge wird die nächste Zeit schon sorgen. Seine Freude überträgt sich schnell auf die anderen, auf Igor besonders. Niemand vibriert mehr als er mit Oskar; auf seine Reaktionen kann ich mich mehr verlassen als auf meine eigenen. Es ist überhaupt verblüffend, wie leicht alle, die jetzt eintreffen, die bayerischen Beleuchter und Techniker, die italienischen Maskenbildner und das jugoslawische Team, sich auf Oskars Geschichte einstellen können. Jeder weiß sofort Beispiele aus der eigenen Kindheit zu berichten; um Oskar kristallisieren sich schnell Erinnerungen.

Die Universalität der Figur ist somit auch für den Film schon erprobt.

28. Juli

Erster großer Probentag mit 800 Komparsen auf der Tribüne, HJ, Pimpfe und Oskar mit seiner Blechtrommel. Fünfzig Paare aus Folkloregruppen beginnen den Walzer. Hallhuber, der Choreograph, hilft mir beim Einrichten, vor allem aber Branco Lustig, dessen Energie unerschöpflich ist. Gestern abend ist mir noch ein schöner Anfang für den Tanz eingefallen. Zwei Frauen, den Arm zum Nazigruß gestreckt, beginnen sich im Rhythmus zu wiegen, drehen sich zueinander, stehen sich mit ausgestreckten Armen gegenüber: Walzerpose. Der Tanz beginnt.

Die Kinder und die Hitlerjungen sehen sehr gut aus, ebenso die jüngeren Frauen als BdM-Mädchen. Aber die anderen Erwachsenen wirken auch in Kostüm und Maske eher wie die Gäste einer serbischen Hochzeit. Am Rande geht der Zirkus der special effects weiter. An der Wand aufgereihtes Spielzeug muß als Zielscheibe für Schießversuche aller Kaliber herhalten. Alle unbefriedigend. Balsa-Holz wird aus München bestellt, um Regale und Schränke für den Kampf in der Post zu bauen.

Rino Carboni schneidet am Nachmittag David höchstpersönlich die Haare. Wir stehen alle im Kreis um ihn herum, den kleinen König mit Hofstab. Rino ist un vero signore. Mit ihm fühle ich mich so sicher wie sonst mit Sven Nykvist zum Beispiel.

29. Juli

Samstag vor Drehbeginn. Bei einem kleinen Umtrunk heute nachmittag habe ich unsere Mitarbeiter – etwa vierzig – einander und den Jugoslawen vorgestellt, die sich ihrerseits – nochmals 30 – vorstellten. Die Verwirrung war so groß geworden – niemand wußte genau, wer wer war und was er machte –, daß ich schon vorgeschlagen hatte, alle sollten Namensschilder tragen wie amerikanische Kongreßteilnehmer:

Eberhard Junkersdorf hat bei den letzten Unternehmen der sterbenden deutschen Filmindustrie in den Studios von »Atze« Brauner und bei Horst Wendlandts Karl-May-Filmen in Jugoslawien gelernt. Sein Vater war Filmarchitekt, seine Mutter betreibt heute noch ein Bezirkskino in Berlin. Er ist ein Filmbesessener; ich habe ihn 1970 als Produktionsleiter bei »Der plötzliche Reichtum der armen Leute von Kombach« kennengelernt. Seitdem haben wir uns nicht mehr getrennt. Es gibt so ziemlich nichts, was er nicht für einen Film täte, d. h. für das, was man auf der Leinwand sieht. Denn alles andere erscheint ihm überflüssig, weshalb er oft mit denen aneinandergerät, denen ihr Einkommen, ihr Stolz und ihr Komfort vernünftigerweise auch wichtig sind. »Die Blechtrommel« hat er ziemlich auf den Pfennig genau vorauskalkuliert und dafür gesorgt, daß der Film auch tatsächlich in diesem Rahmen hergestellt wurde. Sein Einsatz verschafft mir das, was man »künstlerischen Freiraum« nennen könnte. Muß er so hart erkämpft werden?

Franz Seitz müßte ich in einem Atemzug mit ihm nennen, doch er ist ja der Produzent und schwebt somit über den unmittelbaren Mitarbeitern. Seine Rolle beim Zustandekommen des Films habe ich schon geschildert. Wir hatten noch nie Streit.

Igor Luther, den Kameramann, habe ich 1968 während des Prager

Frühlings in Bratislava kennengelernt. Er hatte gerade die ersten Filme von Jakubiska gemacht, und ich wollte ihn für »Michael Kohlhaas« – was an Sprachschwierigkeiten und unser beider Stolz scheiterte. Künstlerisch ist er seit »Fangschuß« mein wichtigster Mitarbeiter. Ich habe ihn einmal einen verhinderten Regisseur genannt, wobei ich mich allerdings einen verhinderten Kameramann nennen muß. Die Gestaltung der »Blechtrommel« ist unser gemeinsamer Kampf gegeneinander und miteinander.

Alexander von Richthofen, kurz Ali genannt, hat sich und sein Privatleben dem Film geopfert. Er ist ein alter Filmhase, ein Profi, wie ich es selbst als Regieassistent gewesen bin, weshalb wir uns so schätzen.

Branco Lustig ist in Jugoslawien zu uns gestoßen und als »Zusatzregisseur« zuerst für die Massenszenen, dann für den ganzen Ablauf der Dreharbeiten bis Polen als unschätzbarer Ätzesgeber bei uns geblieben.

Suzanne Baron, die Cutterin, kenne ich aus meiner Lehrzeit in Paris, genau seit Louis Malles »Feu Follet« 1963. Sie hat mit Tati angefangen, »Jour de Fête« und »Die Ferien des M. Hulot«, ist dann über Jean Rouch zum ethnologischen Film gefolgt, hat selbst viel in Afrika gedreht, Dokumentarfilme wie die von Louis Malle über Indien und die von Jons Ivens über China geschnitten. In der Encyclopaedia Britannica wird sie als die Filmcutterin geführt, deren Schnitte man nicht spürt.

Nikos Perakis ist der Filmarchitekt, wie man den für Ausstattung und Dekoration Verantwortlichen auch dann nennt, wenn gar nichts gebaut wird. Bei der »Blechtrommel« wurde viel gebaut, mehr als vorgesehen. Nikos war selbstsicher genug, zum Teil auch die Entwürfe auszuführen, die vor ihm ein anderer, nämlich der Bühnenbildner Axel Manthey, entworfen hatte. Auch er ist ein Macher.

Bernd Lepel war sein wichtigster Mitarbeiter für die gesamte Ausstattung von den Tapeten über die Möbel bis zu den zahllosen Inschriften.

Senećić, der jugoslawische Architekt, versteht sich leider nicht mit Nikos. Hier müßte ich die Nationalitätenfrage des Balkans aufwerfen: der eine ist Grieche, der andere Slowene . . .

Rino Carboni, der italienische Maskenbildner, hat mit seinem Assistent Alfredo Titeri das Bild der »Blechtrommel« ebenso geprägt wie der Kameramann, der Architekt und die Cutterin. »Caratterisazione« nennen die Polen seine Arbeit, und daß er uns seine in Jahren der Zusammenarbeit mit Visconti und Fellini erworbene Erfahrung zur Verfügung gestellt hat – nur weil ihm das Buch so gut gefiel –, habe ich immer als eine große Ehre empfunden. Leute wie er fehlen uns in Deutschland völlig – was das Gefälle zum italienischen und französischen Film genügend erklärt.

Jaconelli ist der typisch französische bricoleur, einer dieser Bastler und Handwerker, ohne die Film nicht zu machen ist. Die Berufsbezeichnung ist »special effects«, was bei der »Blechtrommel« weniger Kriegs-Action ist als das Zersingen der Brillengläser von Fräulein Spollenhauer am ersten Schultag u. a.

Franz Bauer, der Requisiteur, ist unser Märchenkönig, der immer guter Laune alles beschafft, egal, ob es wichtig ist oder im Augenblick der Verzweiflung nur so scheint. Neben Oskars Blechtrommeln verwaltet er auch Davids Pausenbrote, Schnaps für Notfälle und einen ganzen Lkw voll unersetzbarer Requisiten, vom präparierten Pferdekopf über polnische Briefmarken bis zu Parteiabzeichen, von zweitausend Stück Spielzeug aus den zwanziger Jahren bis zu geräucherten Aalen und mechanischen Nachtfaltern.

Herbert Kerz, Luis Mayr und Sigi Hofbauer teilen sich als Aufnahme- und Produktionsleiter die ganze Organisation von der Unterbringung bis zum Mittagessen, von Drehgenehmigungen bis zur täglichen Disposition in den verschiedenen Ländern.

Paul Weber und Karl Dillitzer, Chef von Bühne und Beleuchtung, haben uns samt Lampen, Kranwagen, Schienen und Aluminiumturm von München über Zagreb, die Normandie, Polen und Berlin bis wieder nach München begleitet. Wie oft mußte das ganze tonnenschwere Material täglich allein von den Lastwagen herunter- und wieder hinaufgewuchtet werden. Der Dolly (Kamerakranwagen) allein wiegt 6 Zentner.

Lilo Schick, jahrelange Sekretärin von Seitz, hat die verschiedenen Drehbuchfassungen immer wieder getippt und vervielfältigt, bis sie als Scriptgirl die endliche Verfilmung mit der Stoppuhr in der Hand überwachte und jeden Meter verdrehten Film in ihren Berichten erfaßte.

Dagmar Niefind hat die Kostüme entworfen und herstellen lassen. Sie kommt vom Halleschen Ufer, die »Blechtrommel« ist ihre erste und wohl letzte Arbeit beim Film, denn sie hat geschworen: Nie wieder! Aber ohne ihre allmählich rot und röter werdenden Kostüme ist Angela Winklers Leidensweg als Agnes Matzerath nicht vorstellbar.

Yoshy Yabara und Inge Heer sind ihre Mitarbeiter und haben

Disposition 1. August 78   Maiwiese

Drehtag: 2.		Datum:	1. 8. 1978, Dienstag
Am Motiv:			Drehort: Zagreb
Maske	5.30		Str. Il Brace Orski
Garderobe	5.30		(Kasernengelände)
Requisite	7.00		
Technik	7.30		
Ton	7.30		
Kamera	7.30		
Regie	7.30		
Regie.-Ass.	6.30		
Pyrotechnik	7.30		
Choreograph	7.30		
Bau-Abteilung	lt. Ansage Architekt		
Drehbeginn:	9.00		

Besonders zu beachten:

Regie	–
Kamera:	–
Ton:	–
Technik:	14 h Hebebühne Lkw Elektra (12- u. 5-Meter-Turm/ Regenschutz für Kamera)
Requisite:	Pkw Foster mit Standarte Alle Pkw, Fahrräder etc. aufgebaut
Maske:	5 Aushilfen
Garderobe:	13 Aushilfen
Pyrotechnik:	16.00 h am Motiv Feuerwehr für Regenanlage

Bild 58 – Seite 93, 94, 95, 96

Dekoration: Maiwiese

Rolle	Darsteller	Maske/Gard. am Motiv	Drehfertig	Abfahrt	Am Motiv
Löbsack	E. Jacobi	7.45	8.50	7.30	9.00
Oskar	D. Bennent	8.30	8.50	8.15	9.00
Foster	S. Biser	7.45	8.50		9.00

Komparsen im Bild 58	Garderobe/Maske	Drehfertig
4 Musikzüge		
25 Pimpfe	7.00 Garderobe 3	9.00
25 HJ		
25 SA	7.00 Garderobe 3	9.00
25 Feuerwehr		

Tribüne Männer
50 Männer
– 10 Männer Zivil	7.00 Garderobe 2	
– 10 Männer SS	7.00 Garderobe 3	
– 30 Männer SA	7.00 Garderobe 3	9.00
20 Ordner SA	7.00 Garderobe 3	

Tribüne Frauen
70 Frauen
– 50 BDM-Mädchen	7.00 Garderobe 4	
– 10 Frauen Frauenschaft	7.00 Garderobe 2	
– 10 Frauen Zivil	7.00 Garderobe 1	9.00
2 kleine Mädchen mit Blumenstrauß	7.00 Garderobe 2	

Vor Tribüne
24 Männer SA	7.00 Garderobe 3	
24 BDM-Mädchen	7.00 Garderobe 4	
24 Hitler-Jungen	7.00 Garderobe 3	
24 Jungen Turnanzug	7.00 Garderobe 3	9.00
10 Männer SA, gut angezogen	7.00 Garderobe 3	
10 Kinder	7.00 Garderobe 2/3	

Blöcke Maiwiese
276 SA-Braunhemden-Männer	5.30 Garderobe 3	
251 BDM-Mädchen	5.30 Garderobe 4	
66 Turnanzug männlich	5.30 Garderobe 3	
30 Turnanzug weiblich	5.30 Garderobe 4	
71 Jugendliche, davon 20 HJ, 51 Zivil	5.30 Garderobe 3	9.00
275 Männer Zivil	5.30 Garderobe 2	
265 Frauen Zivil	5.30 Garderobe 2	
10 Frauen Rote-Kreuz-Schwestern	5.30 Garderobe 2	

Tänzer/Tänzerinnen
25 ausgewählte HJ-Tänzer	6.30 Garderobe 3	
25 ausgewählte Tänzer-Männer Zivil	6.30 Garderobe 2	
25 ausgewählte BDM-Mädchen	6.30 Garderobe 2	9.00
25 ausgewählte Tänzerinnen Zivil Frauen	6.30 Garderobe 2	

30 Kinder verschiedenen Alters	7.00 Garderobe 2/3	9.00

Insgesamt 1732 Komparsen

wirklich Knochenarbeit geschafft, wenn man an die Tausende von Komparsen und fünfzig Hauptdarsteller denkt, die alle jeden Morgen frisch gewaschene Hemden und Socken in ihrer Garderobe vorfinden wollen.

Viele andere, vor allem die jugoslawischen und polnischen Mitarbeiter, müßte ich kurz persönlich vorstellen, aber das könnte auch so wirken, als wolle ich pedantisch gute und schlechte Punkte verteilen. Hier also nur die Liste: wir sind also Deutsche, Jugoslawen, Franzosen, Italiener, Polen und ein Japaner sowie Nikos Perakis, für uns fast ein Deutscher, aber doch eben auch Grieche.

Ohne drei, vier Sprachen ist nicht auszukommen. Wir werden uns daran gewöhnen müssen.

Das Team miteinander zu verbinden, es zur Zusammenarbeit zu bringen, beschäftigt mich zur Zeit mehr als Fragen der Inszenierung. Gott sei Dank sind außer David noch keine Darsteller da, so daß ich für die Zirkusdirektorenrolle Zeit habe. Diese Gruppe auf der Wanderschaft für die nächsten Monate ist natürlich auch, was mir am Film so gefällt. Es ist doch etwas anderes, als jeden Morgen an einem Pförtner vorbei in ein festes Theater- oder Operngebäude zu gehen, wo man immer dieselben in Stab und Kantine antrifft.

31. Juli

Drehbeginn in Zagreb. Maiwiese. Gauschulungsleiter Löbsack spricht – Oskar löst den NS-Aufmarsch mit seiner Trommel auf und macht ein Volksfest daraus.

Eben bin ich raus ins Freie getreten. Erster Drehtag beendet. Gestern waren Igor, Ali, Ernst Jacobi und ich auf dem Land spazieren, querfeldein. Abends noch mit David und seiner Mutter schwimmen. Schon ganz ohne Nervosität. Vorm Einschlafen ein letzter Scotch mit Igor auf dem Zimmer und nochmals alle Einstellungen durchgesprochen.

Immer wieder die Forderung: es muß lebendiger, es muß wilder werden. Wie? Vor der Tribüne Ordnung und Symmetrie, hinter der Tribüne Unordnung und Organisches. Also z. B. ein kleines Mädchen, das pinkelt; Oskar tritt in einen Scheißhaufen, an einem Pfeiler kotzt einer.

So haben wir's denn heute auch gedreht. Bei der Hitze wurden uns sieben von unseren 2000 Komparsen ohnmächtig. Wie im Dauerlauf von Einstellung zu Einstellung, aber nie wirklich gehetzt, sondern eben laufend, wie im Training. Bis auf die sehr montenegrinisch ausschauende Musikkapelle war alles sehr überzeugend.

Wir hatten unseren Spaß, vor allem auch an Oskar, der unter der Tribüne unser aller Wunsch nach Anarchie sowie die Utopie seiner Allmacht austobt, während über ihm Ernst Jacobi, ohne jede Karikierung, Gauschulungsleiter Löbsack gegen Juden, Polen und für »Heim ins Reich« wettern läßt.

Angela ist angekommen und wird von Carboni zur Probe geschminkt. Sie strahlt unter seinen Händen. Rino schminkt nicht, er malt regelrecht ein Portrait, statt fonds de teint und Schminktöpfchen hat er eine Palette mit vielen Farben, für jede Rolle eine andere übrigens, und unterstreicht mit dem Pinsel, winzigen Strichen und Flächen die Eigenarten eines Gesichts, bis es Typus wird. Ich habe ihm eine Strichmännchenskizze der Hauptpersonen und ihrer Beziehungen zu Oskar gemacht. Jetzt charakterisieren wir die einzelnen Personen, teils nach den Beschreibungen des Romans, teils nach der Persönlichkeit des Schauspielers. Typen, aber keine Karikaturen.

Auch die Altersveränderungen macht Rino nicht mit dicker Schminke, eher durch Veränderung der Gesichtsform. In der Jugend ein Dreieck, das vom Kinn zur Stirn nach oben öffnet und zum Himmel strebt, eine schwere Birne im Alter, die faltig zum Boden fällt.

Bei der Maskenbesprechung hat Rino noch einen guten Vorschlag: die Veränderungen an den Schauspielern, die ja in den zwanzig Jahren der Erzählung nötig sind, nicht schrittweise zu machen, sondern geradezu sprunghaft immer dann, wenn ihnen etwas Wichtiges zugestoßen ist – so wie man von jemandem sagt, er sei auf einen Schlag um zehn Jahre gealtert. Diese wichtigen Einschnitte beschränken wir auf vier oder fünf pro Person.

Auch Oskar, der ja immer der Dreikäsehoch bleibt, aber eben doch älter wird, muß ab und zu plötzlich anders aussehen – er jedoch ganz ohne Schminke und Farbe, nur durch Kleidung und Frisur. Das erfordert einige Akrobatik im Drehplan, um Szenen mit langen und solche mit kurzen Haaren nicht zu vermischen. Leider ist er nicht der einzige: auch Mario und Daniel haben mal lange, mal kurze Haare. Wir legen entsprechende Zeitabschnitte im Drehplan fest.

4. August
Polnische Post, Schalterhalle. Oskar und seine Mutter holen Jan Bronski ab.

Nach einer Drehwoche – morgen ist der 6. Tag – komme ich dazu, die Situation zu analysieren.

Das Team ist nicht homogen, jeder einzelne ist ganz verschieden motiviert, sich zu beteiligen oder nicht. Zusammenarbeit ist schwierig. Gestern abend haben wir die Muster der ersten beiden und schwersten Tage gesehen: mehr als die Hälfte, und zwar ausgerechnet die Totalen mit der großen Komparserie, ist unbrauchbar. Ein Kassetten- oder Kameraschaden bewirkt eine Doppelkontur bei der Belichtung, ähnlich dem Effekt einer schlecht regulierten Fernsehantenne. Dieser unfaßbare Schaden war uns schon angekündigt. Doch mit unverbesserlichem Optimismus wollte ich das Telegramm des Kopierwerks nicht wahrhaben, bis Hofbauer die Muster im Koffer aus Berlin mitbrachte.

Die Freude darüber, daß die Szene ansonsten so gut aussieht und Oskars Störmanöver so glaubhaft wirkt, macht Mut. Besser gut und unscharf als scharf und schlecht, versuche ich mir und den anderen einzureden.

Die anderen, das sind natürlich alle, die anfangen, unzufrieden und nervös zu werden. Zuerst die Darsteller: David/Oskar ist überfordert; bei den Proben ist er wunderbar, d. h. immer, wenn er zum ersten Mal in eine Situation gestellt wird, reagiert er richtig und strahlt Intensität aus. Doch er hat keine Konzentration, dieses Verhalten bei der Aufnahme zu wiederholen. Darin gleicht er Angela – una instintiva, wie Rino sie bezeichnet.

Daniel dagegen – auch er ist angekommen und hat gestern zum ersten Mal gedreht – muß geführt werden. Gerade ihn hielt ich für spontaner, aber auf seine Reaktionen ist nicht immer Verlaß. Dagegen kann er einmal Erarbeitetes sehr gut wiederherstellen.

Dann das Team: zum Ton sind wir noch kaum gekommen, trotz Stereoausrüstung. Die Hetze ist zu groß, nicht etwa, weil wir überviel auf dem Tagespensum haben oder besonders sorgfältig proben, sondern weil ein großes Durcheinander herrscht. Trotz langer Vorbereitung und vieler Besprechungen ist nichts fertig. Ausstattung und Requisiten werden noch vor der Kamera bemalt und bearbeitet, soweit sie nicht fehlen. Heute z. B. für den letzten Augustnachmittag vor Kriegsbeginn, also 31. 8. 1939, weder Eiswagen noch Eis! Längeres Warten und Schreien. Ich schmeiße Senečić meinen Teebecher vor die Füße. Er und Nikos lähmen sich wirklich gegenseitig, vielleicht ist es sogar Boykott. Dabei hat sich gestern in der Polnischen Post herausgestellt, daß unsere ursprünglichen Entwürfe richtig waren.

An der Linie der ersten Einfälle müssen wir uns halten, und das ist das Schwerste. Sonst kommt jeder im Laufe der Zeit mit anderen

Vorschlägen – oft aus der Not diktiert – und allmählich wird alles beliebig.

Noch schwerer fällt es, Requisite, Bühne und Licht zusammenzuführen. Verschiedenes Equipment, technologische und handwerkliche Überlegenheit der deutschen über die jugoslawischen Mitarbeiter – den Unterschied in der Bezahlung nicht zu vergessen – bringen Spannung, die sofort Vergangenheit beschwört.

Dagmar Niefind, Yoshy und Inge wiederum sind verzweifelt, weil das Kostümieren von Komparsen wirkliche Knochenarbeit ist, die obendrein von der Kamera nicht honoriert wird. Im Laufe einer Bewegung kommt immer gerade der Falsche ins Bild, die wenigen gut Angezogenen sind nicht zu sehen. Vieles, was man sich vorgenommen hat, bleibt auf der Strecke. Am Drehort sieht es auf einmal doch wieder so aus, wie wir es aus Fernsehserien kennen: zwischen Operette, Naturalismus und Fundusbeliebigkeit. Vom Theater kommend, wo sie alle Kostüme und Bilder natürlich besser kontrollieren können als in einer belebten Straße, werden die Kostümbildner schnell lustlos. Sie sondern sich vom Rest des Teams ab, schauen mit der Arroganz von Privilegierten der geförderten Kultur auf uns Schmierfinken vom Film.

Die beiden Pyrotechniker, Jaconelli und Nikolas, der Dalmatiner, strapazieren uns mit immer neuem Streit. Der eine läßt den anderen nicht ans Pulver, worauf der andere ihn durch Vorenthalten seiner Erfahrung und modernerer Methoden straft. Der eine ist 54, der andere 57. Beide nicht lernfähig und mehr am Rechthaben mir gegenüber – dem das sowieso egal ist – interessiert als am Ergebnis. Als Dritter ist heute Herr Scheidt aus Hamburg gekommen: er stellt break-away-Glas her und soll Vorschläge fürs Glaszersingen machen. Mehr als rauchlose Sprengkörper hat er aber nicht zu bieten. Meine Hoffnung bleibt der Mann mit dem Tongenerator von Opel, der Glas wirklich akustisch zerbricht.

Ali und Branco dagegen fangen an zu harmonisieren.

Insgesamt aber droht das Team auseinanderzubrechen, besser gesagt, erst überhaupt nicht zusammenzufinden. Meine Arbeit muß jetzt sein, eine »Mannschaft« aus ihnen zu machen – nur der militärische Begriff trifft hier zu. Alexander Kluge hätte viel Spaß, könnte er uns beobachten. Seine Stalingrad-Vergleiche drängen sich sogar mir auf. Ein Glück, daß wir nicht Krieg führen, sondern ihn nur nachstellen!

Generalstabsarbeit ist allem Widerwillen zum Trotz nötig: also ab morgen jeden Mittag Dispositionsbesprechung für Produktion und

Regie. Jeden Abend nach Drehschluß eine halbe Stunde Versammlung und Vorbereitung des nächsten Tages, wobei jedem seine spezifische Aufgabe zugeteilt wird, um zu mehr Kommunikation zu kommen. Bei alldem weiß ich auch, wieviel von meiner und Igors Ausstrahlung abhängt. Wir wirken unsicher: an die rein erzählerischen Sequenzen können wir uns nur herantasten. Wo ist Oskars Blick? Wo ist der Blick auf Oskar?

Dieser Wechsel zwischen subjektiver und objektiver Darstellung macht die ganze Spannung aus. So wie Oskar mal in der ersten, mal in der dritten Person spricht, müssen wir mal aus seiner Perspektive filmen, mal ihn beobachten wie ein fremdes Tier. Es gibt keine Patentlösung, schon gar nicht in der Bildgestaltung, etwa indem die Kamera immer auf Oskars Augenhöhe (ein Meter) steht. Für jede Einstellung suchen wir am Motiv die richtige Kameraposition. Nur selten mache ich vorher Skizzen, um mir den Blick auf die jeweiligen Licht- und Ortsverhältnisse nicht zu verstellen. Jedes Bild sollte im Augenblick entstehen. Aufnehmen, was unsere Augen sehen, statt nachzustellen, was wir uns ausgedacht haben. Über dieses eigentlich Kreative an unserer Arbeit denke ich wenig nach, deshalb kommt es auch hier im Tagebuch so selten vor. Hoffentlich wird es im Film um so sichtbarer sein.

Dasselbe gilt für die Arbeit mit den Darstellern: ich mache nicht nur einen Film mit ihnen, sondern auch über sie. Unsere Arbeit ist immer auch Dokumentararbeit. Schade nur, daß Organisation, Requisiten, Komparsen und die technische Einrichtung soviel Zeit beanspruchen. Beim Warten auf die Technik versauern die Schauspieler, auch wenn wir uns noch so um sie kümmern.

»Die Kunst des Filmschauspielers ist die Kunst des Wartens«, hat Louis Jouvet gesagt. Den größten Teil der Schauspielerführung hat übrigens Günter Grass schon gemacht. Jeder findet viele Seiten und Kapitel über seine Rolle im Roman; all die Beschreibungen und Erklärungen, die man sich sonst erst erarbeiten muß, sind vorgegeben. Es bleibt die Brücke zu schlagen zur eigenen Person. Alle unsere Darsteller haben sich seit Monaten mit dem Roman beschäftigt, jeder hat Details und gestrichene Szenen, Sätze und Haltungen gefunden, die er wieder einbringen will. Das will ich auch. Andererseits arbeiten wir mit der Stoppuhr in der Hand, denn der Film sollte nicht länger als 2½ Stunden werden. Wir müssen also immer wieder versuchen, simultane Handlungsabläufe und Konzentration vieler Einzelheiten in einem Augenblick zu schaffen. Gelingt es uns, gewinnt der Film an Dichte, auch wenn eine Szene nicht gleich beim ersten Ansehen ganz zu dechiffrieren ist.

5. August
Polnische Post, fensterloser Raum.

6. August
Polnische Post, Kinderzimmer.

7. August
Polnische Post, fensterloser Raum.
Jan Bronski baut ein Kartenhaus – die SS holt ihn ab.
Gestern abend bin ich um 8 Uhr ins Bett gegangen und habe bis heute morgen 6 Uhr geschlafen nach einem reinen action-Tag. Sprengen und Schießen, wie man's aus allen einschlägigen Filmen kennt – nur eben diesmal aus Oskars Sicht gefilmt. Der polnische Adler fliegt weg, die Torpfeiler werden umgeschossen von einer Haubitze, die wie eine Spielzeugkanone aussieht – aber aus Krupp-stahl ist.
Toll war die Szene in dem fensterlosen Raum der Post, wo Kobyel-la beim Skatspiel stirbt und Bronski endgültig überschnappt. Allerdings gefiel mir Daniel gar nicht. Er spielt sehr äußerlich, mit Tricks und körperlichen Mitteln – ohne innere Emotion. David hat uns alle verblüfft und endgültig gewonnen. Wie er Skat spielt und auch mitten in den Explosionen und der Drehkonfusion konzentriert blieb und alles voll miterlebte! Dabei war die Verwirrung und Hysterie am Drehort sicher so groß wie in der Polnischen Post am 1. September 39.
In all der Aufregung gibt es immer einen ganz privaten Augenblick, das ist abends, wenn ich Dich, Margarethe, anrufe. Ich bin nicht der einzige, der telefoniert. Auch Igor stürzt nach Drehschluß zuerst ans Telefon, um Eva zu sprechen. Ali schreibt seiner Frau. Von den anderen weiß ich nicht, wie sie's machen. Schlimm ist nur, daß ich mit zunehmender Anstrengung immer unleidlicher werde. Dabei will ich durch mein notorisches Klagen vielleicht nur vertuschen, wie gut es mir geht, wieviel Spaß mir die Arbeit macht, wie sehr ich mich auslebe. Außerdem spüre ich, wie alle mir vertrauen. Immerhin drehen wir jeden Tag, und der Produzent läuft sehr zufrieden und entspannt herum! Seiner Meinung nach kann gar nichts schiefgehen.
Das Tagebuch ist wie ein Krankenblatt, wo ich vor allem Anzeichen notiere, an denen wir später die Krankheit, sprich Katastrophe, ablesen können, falls sie doch eintreten sollte.

9. August
Polnische Post, diverse Schauplätze.

Angriff der Heimwehr.

Ein Uhr nachts. Bis eben mit Daniel, Igor und Chechovitz geredet und getrunken. Daniel hat mich angegriffen, erst fertiggemacht, dann aufgebaut, weil ich ihm gestern nicht geholfen, ihn allein gelassen habe bei seiner entscheidenden Szene in der Polnischen Post. Ich antworte: Ich will nicht mehr der Vater sein, kaue an dem Zigarillo, das Seitz mir ab und zu reicht. Die Rolle des allmächtigen Regisseurs, der gratifiziert und anschreit, will ich nicht spielen – gleichzeitig spüre ich, was an den Vorwürfen richtig ist: ich bin zu wenig auf Daniel eingegangen, weil ich weder seine Rolle noch die ganze »Blechtrommel« psychologisch auffasse.

10. August

Polnische Post, Kinderzimmer. Eine Kanonenkugel holt den Putz von der Decke.

Wir drehen zwar sehr schöne Einstellungen, aber zu langsam – im doppelten Sinn: einmal verlangsamen sie durch Fahrten und Verbindungen mehrerer Handlungsabläufe Schnitt und Erzähltempo, zum anderen werfen sie uns im Drehplan zurück, weil ihre technische Einrichtung so lange dauert.

Der Regisseur sollte so viel Zeit für eine Einstellung haben wie der Kameramann. Doch Igor läßt mir keine, unterbricht auch noch zwischen den Takes für Veränderungen. Beim Einrichten der Szene lehnt er meine bewußt vereinfachten Vorschläge oft ab – hat aber auch bessere, doch wieder auf Kosten der Zeit. Seine Vorschläge und sein Widerstand helfen mit und bringen gleichzeitig nervenzerreißenden Zeitdruck. Am Drehort bin ich hauptsächlich Antreiber und erschöpfe mich dabei – ganz abgesehen davon, daß die Warterei mich wütend und schlechter Laune macht, was wieder mein Verhältnis zu den Schauspielern und die Stimmung insgesamt stört. Igor leuchtet die Szenen aus, was eigentlich die Arbeit des Kameramanns ist, und er bedient auch die Kamera als sogenannter »Schwenker«. Diese Doppelfunktion kostet Zeit. Hätten wir einen zweiten Mann, könnte ich mit ihm die Fahrten und Kamerapositionen einrichten, während Igor das Licht macht.

Eben noch mit Mieczyslaw Czechowicz, dem anstelle von Lutkevitch eingesprungenen Kobyella, auf Du getrunken, da wir sowieso nicht miteinander sprechen können. Mit fünf Slivovitz begossen.

11. August

Heute ist frei. Igor flog gestern noch nach München. Eva, seine Frau, steht vor der Entbindung. Eben, morgens um neun, rief ich ihn an, um zu fragen, was ist. – Hörst du das nicht an meiner

Stimme – eine Tochter! Jessica ist geboren. Ich freue mich für ihn, Rührung, Tränen. Um drei Uhr nachmittags komme ich zurück, sagt er noch.

12. August

Heute die Maiwiesensequenz wiederholt – mit z. T. leider sehr unzureichenden Komparsen, ohne vorherige Proben. Trotzdem sind die einzelnen Momente wahrscheinlich dichter geworden. Zusätzlich fiel mir ein Gag für Löbsack ein: er prüft mit zum Hitlergruß ausgestreckter Hand den Regen.

Abends Vorführung, zum ersten Mal seit zehn Tagen – leider enttäuschend. Vor und in der Polnischen Post gut. Hübners Tod als Dr. Michon im Ton zwischen Oper und Wochenschau – ergreifend. Aber die ganze Szene im Spielzimmer der Kinder ohne Atmosphäre, vom Dekor, von den Darstellern, von der Inszenierung und vom Licht her, trotz vielen Aufwandes oder gerade deswegen: verfehlt. Wir beschließen mit Eberhard und Seitz, den Raum im Atelier nachzubauen und dort nachzuholen. Zum Zeitdruck kommt nun noch ein Gefühl der Unsicherheit mir selbst und Igor gegenüber hinzu. Dabei will ich wirklich nur eins: vereinfachen, vereinfachen, vereinfachen. Zurück zu den Anfängen des Kinos! Kommen wir nach zermürbenden Gesprächen in die Hotelhalle, sitzen da unsere drei Kleinen: Roswitha, Bebra und Oskar, und man sagt sich, es genügt, die Kamera draufzuhalten und sie aufzunehmen. Da braucht's keine Kunststücke.

13. August

Wiederholung Maiwiese.

14. August

Polnische Post, Resteinstellungen.

Flammenwerfer räuchern die letzten Verteidiger aus.

15. August

Café Vier Jahreszeiten/Fronttheater.

Oskar trifft Bebra und Roswitha, die große Somnambule.

Aber wie schön ist es erst, als sie auch noch Kunststücke machen. Roswitha, die kleine Liliputanerin aus Rom, die noch nie irgendwo aufgetreten ist, bewegt sich mit bezaubernder Anmut, wirft Handküsse und reißt nicht nur uns, sondern vor allem ihren Kollegen Bebra in Bann. Er habe in zwanzig Jahren Varieté viele Liliputanerinnen gesehen, meinte er, aber keine so schön wie sie. Trotz seines Hüftleidens steigt er aufs Einrad und fährt einen durchaus symbolischen Slalom durch das Dritte Reich in Form von aufgereihten Champagnerflaschen mit Hakenkreuzfähnchen.

16. August
Fronttheater.
Der erste Auftritt des Glastöters, Roswithas Nummer, Luftangriff, Zuflucht der beiden unterm Tisch.

17. August
Nach München.

18. August
Trümmerstraße.
Oskar auf der Heimreise durch das brennende Europa von der Normandie bis Danzig.

Auf der Reise von Ost (Zagreb) nach West (Paris) haben wir in München gastiert in der Trümmerstraße, die von Bergmans »Schlangenei« übriggeblieben ist. Oskar verabschiedet sich von den feixenden Zwergen und dem zu Tränen gerührten Bebra.

Morgens und abends mit Suzanne Baron (der Cutterin), die für den Tag nach München kam, Muster angesehen. Einziges Problem: Daniel. Er macht zu viel, und was er macht, teilt sich nicht mit.

Vormittags hat Igor seinen neuen Paß bekommen, so daß er doch mit nach Polen kann. Ich bin jetzt freier und sicherer Igor gegenüber. Auch er hat gesehen, daß es so nicht geht. Heute haben wir aus der Hand, mit einer einzigen Batterieleuchte gedreht und uns sehr wohl dabei gefühlt. Ich werde jetzt – nachdem ich drei Tage lang alle Meinungen gehört habe – frei nur nach dem gehen, was mir gefällt und einfällt. Bei den Bildern meine eigenen Vorstellungen wichtiger nehmen als die anderer; ebenso mit Daniel verfahren. Er darf nichts machen, muß sehr gerade und korrekt sein, schüchtern und still, aber ohne es zu spielen.

19. August
Paris, zwei Uhr nachts. Der Kaffee bei Anatole Dauman läßt mich nicht schlafen. Unruhig und manchmal erschreckend angstvoll klopft das Herz, läßt mich aus Halbschlaf hellwach auffahren. Im Hotelzimmer über oder neben mir badet jemand. Ich nutze die Zeit, um nachzutragen.

Die Ankunft in Orly war wie die Erfüllung des Kindheitstraumes vom Zirkusdirektor. Achtzehn Personen, davon sechs Zwerge und Liliputaner, Artistengepäck, ein Einrad und Fähnchen. Abfahrt mit dem Bus.

Mittags fuhren wir unter den Eiffelturm. Dahin, wo ich vor 19 Jahren zum ersten Mal beim Film gearbeitet habe, als Volontär neben zwei Regieassistenten bei »Zazie in der Metro«. Ich weiß noch, wie Louis Malle mit einer Dauphine vorfuhr, lachte, jung

war, gut aussah, witzig, intelligent, erfolgreich – liebenswert über alles erschien er mir. So wollte ich auch sein. Jetzt stehe ich unter dem Eiffelturm, zwischen Tausenden von Touristen. Wahrscheinlich sind heute mehr Deutsche unterm Eiffelturm als zur Zeit der Besatzung 1940–44.

»Bebras Fronttheater spielt für euch, singt für euch, hilft euch den Endsieg erringen, liebe Bleisoldaten!« wird Bebra morgen vom Lkw aus rufen, während Oskar Roswithas Hand hält und an die Röcke seiner Großmutter denkt.

Zum ersten Mal drehe ich in Frankreich.

20. August
Dreharbeiten am Eiffelturm.

21. August
Reise nach Bayeux, Normandie.

22. August
Bunker Dora. Zwei Tage tanzt und singt unser Fronttheater auf Beton. Strahlende Sonne, starker Wind: wir haben Sonnenbrand, gute Laune. Am liebsten möchten alle bleiben und den Film hier zu Ende drehen. Nur Roswitha ist traurig, weil sie seit vier Tagen ihren Verlobten nicht mehr telefonisch erreicht. Bebra/Fritz Hakl macht ihr den Hof, versucht es mit ein paar Brocken italienisch und Wiener Charme, aber die Mutter setzt sich einfach dazwischen und unterbindet jede noch so kindhaft-liebe Annäherung des Liliputaners. Roswitha fügt sich und verschließt sich. Sogar die Fotos der Sequenz unter dem Eiffelturm im »France Soir« versteckt die Mama vor neugierigen Augen. Sie scheint sich zu schämen, daß ihre kleine Tochter im Film auftritt.

Immerhin ist David heute zutraulicher gewesen mit ihr als gestern bzw. als unter dem Eiffelturm oder unter dem Tisch. Ein liebevoll zärtliches Verhältnis, bei dem seine natürlichen Hemmungen denen eines Verliebten ähneln, gibt ihren Szenen etwas Rührendes. Und Bebras Eifersucht ist sarkastischer als vorgesehen, weil er seine Emotion einbringt.

Der Umgang mit dem französischen Team fällt mir leicht, sogar auch den anderen. Gemeinsame Begeisterung, Sprache und Liebe zum Beruf haben uns gleich am ersten Tag zusammenfinden lassen. Die schwarze Köchin auf dem Bunkerdach, Bebra auf dem Einrad, alle im Gleichschritt hinter David – schöne Bilder, Bilderbuchbilder.

23. August
Bunker Dora.

Eva ist noch krank, muß zurück in die Klinik. Igor entsprechend nervös. Um ½7 heute früh Ina angerufen, die sich um Eva kümmern wird. Schlechtes Wetter. Ein verlorener Tag, bis auf Passagen, bei denen wir auf ein verwunschenes Haus stoßen, wo Oskar und Roswitha Äpfel klauen. Eine Einstellung, von der ich nicht glaube, daß sie im Film sein wird. Aber ein schöner Nachmittag.

Rino Carboni sorgt sich um Roswithas Tod. Nicht nur die Information, daß sie stirbt, auch die Emotion: Oskars Tränen müssen sich mitteilen. D. h., auch der Zuschauer muß Abschied von ihr nehmen. Wie die Tote am Boden zeigen? Vielleicht nur ihre Hand mit der Kaffeetasse?

Seitz hat andere Sorgen: heute früh haben wir versucht, die Nonnen am Strand zu filmen. Ein Offizier gibt Befehl, den Strand zu räumen. »Sperrgebiet ist Sperrgebiet!« Oskar und die Liliputaner schauen entsetzt zum Strand. Maschinengewehrgarbe, und die Nonnen fallen hin. Dann lösen ihre Seelen sich von den Körpern und steigen zum Himmel (durch einfache Doppelbelichtung wie in Stummfilmen).

Seitz ist gegen die Spuren der MG-Garbe im Sand und gegen das Hinfallen. Niemals – bei allen Greueln des Krieges – sei auf Nonnen geschossen worden. Er zitiert Schells »Fußgänger«, der nur 80 000,– Verleihumsatz gemacht habe wegen Schüssen in einer Kirche. Geht es um das Geschäft oder um die Ehre der Wehrmacht – ich weiß es nicht. Nur weiß ich, daß die Nonnen erst zum Erschrecken der Zuschauer hinfallen müssen, damit sie dann – zu aller Erleichterung – zum Himmel fahren können: als Seelen an Regenschirmen.

Beim Drehen finden wir eine bessere Lösung: das MG schießt wirklich, die Nonnen erstarren, fallen aber nicht, keine Einschüsse, statt dessen Himmelfahrt.

Das französische Produktionsteam ist heute völlig zusammengebrochen, weil wir wegen des schlechten Wetters das Programm ändern wollten. Auch am Drehort fehlt eine Produktionsautorität: die Beleuchter und andere machen, was sie wollen, sind schlecht und anmaßend wie bei uns Fernsehleute. Abends im Hotel kommen sie dann alle weinerlich zu mir und wollen sich rechtfertigen, weil sie fürchten, ich könne mit Anatole darüber sprechen. Mir gefällt, wie er lauter kaputte Typen um sich versammelt. Vielleicht macht man mit solchen »Pfeifen« bessere Filme als mit perfekten Technikern.

24. *August*

Schlößchen in der Normandie. Oskar wacht in Roswithas Armen auf: die Amerikaner kommen. Roswitha wird von einer Granate zerfetzt, als sie viel zu heißen Kaffee holt.

Die »Pfeifen«, die mich gestern noch rührten, haben heute total versagt. Beim Drehen des morgendlichen Hals-über-Kopf-Aufbruchs aus dem Schloß der Normandie am 6. Juni 44 (erster Tag der alliierten Invasion in Frankreich) ist es unseren Sprengmeistern nicht gelungen, glaubhafte Einschläge von Schiffsraketen zu simulieren. Mal zu schwach, mal zu spät, als es schon Nacht wurde, mal gefährlich nah an den Schauspielern – doch nie kontrolliert und wirksam. Wir hatten die Bewegung der Komparserie gut geprobt, um die ganze Sequenz in den wenigen Minuten der Dämmerung drehen zu können. Umsonst. Die Explosion des »viel zu heißen Kaffees« hat Mariella/Roswitha zwar von Kopf bis Fuß mit Dreck und Nescafé überzogen, aber ein Tod wird es nicht.

Produktions- und Aufnahmeleiter schleichen verlegen um die Ecke. Einer täuscht sogar einen Nervenzusammenbruch vor und legt sich ins Bett.

Ein Lichtblick: David. Sein Schrei nach der sterbenden Roswitha ist herzzerreißend. Auch in der Liebesszene, die er nackt spielt, zeigt er sich diesmal als Draufgänger – wie Oskar. Mariella dagegen hat solche Angst vor der Reaktion ihres eifersüchtigen Verlobten, der ja eines Tages den Film sehen wird, daß sie steif, verkrampft und einfallslos in Davids dünnen Armen liegt.

Seitz macht mich rechtzeitig darauf aufmerksam, daß man Davids kleines »Gießkännchen« nicht sehen darf, als er bei Bebras »Die Amerikaner kommen!« aus dem Bett springt. Der Vorstellungskraft des Zuschauers sollen keine Grenzen gesetzt werden.

Igor ist so erbost über die Gleichgültigkeit der Beleuchter, daß er sie wegschicken und ohne Licht weiterdrehen möchte! Außer zum Essen, was ausgiebig und lang stattfindet, scheinen die französischen Teams nicht mehr viel Begeisterung aufzubringen. Da hat sich seit der Nouvelle Vague viel geändert.

Bei aller Freude an der Arbeit, an David und den anderen Darstellern, an den Schauplätzen – immer öfter durchfahren mich Zweifel wie Stiche ins Herz. Es kommt mir alles so unwirklich vor, was ich da inszeniere und filme. Bilder ja, unzweifelbar – aber was drücken sie aus? Was wird denn da dargestellt? Gibt es Oskar? Ist es richtig, so viel von David zu übernehmen? Hetze ich nicht von Schwierigkeit zu Schwierigkeit, weil ich bei nichts verweilen will, mich bei nichts aufhalten kann, weil alles nur Schein ist? Make-believe, in dem ich mich nicht wiederfinde? Die Erzählung kontrolliere ich mit handwerklicher Gründlichkeit, vom Erzählen weiß ich nichts. Was ist denn Oskars Ausflug in die Normandie? Wie wirklich ist sein Verhältnis zu Roswitha?

Es ist 3.20 Uhr nachts, und ich habe auf einmal ein schlechtes Gefühl für die Sache. Erinnerungen an »Michael Kohlhaas«. Ich weiß, ich müßte diese unbestimmten Gefühle analysieren, und kann es doch nicht. Morgen früh werde ich sie wegwischen und einfach weitermachen, immer weiter bis Stalingrad, würde Kluge sagen. Größte Rationalität im Detail bei völliger Irrationalität im Ganzen und in bezug auf die Finalität.

Ich erinnere mich an meine französische Schullektüre: Descartes. Er sagt, was man einmal für richtig erkannt und begonnen hat auszuführen, soll man nicht in Zweifel ziehen und abbrechen, ehe es getan ist. Erst das Vollendete analysieren und nächstes Mal entsprechend berücksichtigen.

25. August
Bunker Dora. Himmelfahrt der Nonnen.

26. August
Ruhetag.

27. August
Auf dem Flug von Paris nach Warschau.

Was ist in der Normandie schiefgegangen? Nur die Beziehung zu den französischen Mitarbeitern. Sie haben uns zuerst nicht ernst genommen, waren so arrogant wie ignorant und kamen dann ins Schleudern, als sie begriffen, daß hier ernsthaft Film gemacht wurde, aber es war schon zu spät, um sich einzuordnen. Unser eigenes Team, Deutsche und Italiener, hat dadurch erst richtig zusammengefunden und ist auch im Selbstvertrauen gewachsen, als es die große Filmnation auf einmal so klein erlebte.

In Polen nicht dieselben Fehler wiederholen. Gleich morgen eine Vollversammlung und Aussprache aller, Einführung in den Film für die polnischen Mitarbeiter, Einführung in die deutsch-polnische Geschichte und Einführung in unser Gastland für die Deutschen. Stichworte:

Wir nehmen es als Selbstverständlichkeit, daß wir hier arbeiten können. Warum es ein Privileg ist.

Was für uns vergessene Vergangenheit ist, ist hier noch Gegenwart, weil jeder heute noch täglich an den Folgen des Zweiten Weltkriegs zu leiden hat.

Die Beteiligung der polnischen Darsteller und die Original-schauplätze um der Wahrheit willen, die aber auch nicht schöngefärbt werden muß. Weil alles stimmt, frei damit umgehen.

Versuchen, die Polen in die Mitarbeit einzubeziehen, nicht wie in Zagreb nur als Handlanger ansehen; deshalb alle Szenen durchsprechen, ruhig einen halben oder ganzen Tag dafür opfern.

Am Flughafen in Paris haben sich alle noch mit westlichen Zeitungen eingedeckt.

Hämischer Artikel von Nemeczek im »stern« über die Dreharbeiten in Zagreb, der unsere Arbeit weder richtig beschreibt noch kritisiert. Typisch diese Unsicherheit der Deutschen sich selbst gegenüber. Schriebe er über einen Besuch bei Kubrick oder Fellini, käme die Häme so nicht vor. Zu läppisch, sich darüber zu ärgern.

Flug Warschau–Danzig (wieder einmal).

Unser tschechischer Kameramann Igor Luther ist schwankend, von allen eskortiert, ohne jede Schwierigkeit eingereist. Kaum sitzen wir in der Halle, kommen zwei Polizisten. Peter Arnold hat uns gerade fotografiert. Der Flughafen ist militärisches Objekt. Igor schaut nur blaß zum Himmel. Ihm ist gar nicht zum Lachen. »Hätte ich jetzt fotografiert«, sagt er, »genügt schon . . .«

Branco Lustig und Ulla Orchikovska haben uns abgeholt und berichten. Alles gut, nur Unterbringung und Essen sind schwierig. Das Gros des Teams nächtigt im Schlafsaal eines Studentenheims, die anderen sind über mehrere Hotels verteilt.

28. August

Abendessen mit Kathie. Sie erzählt von Amerika. Martha Feuchtwanger läßt grüßen: »Erfolg« ist immer noch nicht verfilmt und wird immer aktueller.

29. August

Strandbad Brösen. Maria erschreckt Oskar mit ihrem schwarzen Dreieck. Oskar riecht daran.

Gleich heute haben wir wegen Regen die von Kathie gefürchtete Badekabine-Szene gedreht. Maria kommt mit Oskar ins Strandbad, in einer Kabine ziehen sie sich aus, und Oskar sieht zum ersten Mal »Das schwarze Dreieck« einer Frau. Erschrocken stürzt er sich darauf und verbeißt sich darin.

Es ist eine der wenigen Szenen, für die ich jede Einstellung skizziert habe, weil Kathie sich nicht ganz nackt zeigen will. Diese Begrenzung erweist sich schon bei der Auflösung als Stärke, denn in Oskars zuschauendem Blick ist mehr Spannung und Erotik als in

der Darstellung von Genitalien. Natürlich muß der Zuschauer den Eindruck haben, beide seien nackt; der Bildausschnitt darf nie gewollt schamhaft sein.

Zu allem Überfluß stürmte und regnete es den ganzen Tag. Mit Heizöfen versuchten wir, die Badekabine zu wärmen, während David und Kathie sich in eine Wolldecke gehüllt aneinander gewöhnten. Richtige Sommerhitze fehlte, aber zwischen den beiden funkte es. Davids aufgerissene Augen, als sie plötzlich nackt vor ihm steht, drücken Entsetzen und Faszination so übertrieben grotesk aus, daß keine Peinlichkeit entsteht.

Spannung gibt es überall reichlich mit der polnischen Produktion, und auch bei uns. Mein langer Vortrag gestern wurde ohne eine Reaktion, kein Lachen, kein Räuspern, aufgenommen. Eine Art, prinzipiell und immer unbeteiligt zu sein, die Igor sofort wiedererkannt hat, eine Lebenshaltung, die leider überall im Ostblock so ist – ausgenommen in Jugoslawien.

Vergeblich warten wir auf Aale, um den Pferdekopf zu präparieren. Morgen sollen zehn Kilo oder mehr kommen, doch keiner glaubt es so recht.

Regenwetter zwingt uns, Ersatzszenen zu drehen, was immer alle aus dem Tritt bringt, zumal sich die Organisation noch nicht eingespielt hat.

Mario ist eben angekommen. Seine Kostümprobe – ein Witz. Nur ein Anzug ist da, den soll er immer tragen, von 1922 bis 1945. Wie können wir ihn da altern bzw. zu Anfang verjüngen? Er trägt es mit Fassung. Wir werden im Fundus suchen. Die Freundschaft zu den Darstellern ist so stark, daß mir der Rest oft egal ist. David vor allem verblüfft immer wieder: in seinen Blicken heute lag mehr Erotik als bei vielen Vamps.

Halb zwölf nachts. Die Aale sollen nicht aufzutreiben sein. Der polnischen Produktionsleitung platzt der Kragen: sie sagt, die Aale braucht die polnische Wirtschaft für den Export. Angesichts dieser Unsicherheit beschließen wir auf Eberhards Vorschlag, ob Aale oder nicht, morgen erst einmal in der Badekabine weiterzudrehen. In der Zwischenzeit kann Jaconelli versuchen, falls doch Aale da sind, sie an dem Pferdekopf zu befestigen.

Igor kommt jetzt auch heraus mit seiner Unzufriedenheit: Kathie wirkt in dem engen Kleid einfach zu unsexy. Wir werden es umschneidern und mit Großaufnahmen neu an die Szene herangehen.

30. August
Strandbad Brösen. Maria und Oskar entdecken das Brausepulver.
31. August
Mole Brösen. Ein Pferdekopf, Aale, Agnes und Bronski sowie der abgestumpfte Ehemann.
1. September
Mole Brösen – Strandbad.
2. September
Bahnhof Langfuhr. Exodus und Filmende.
4. September
Landstraße – Bauernhof. Leichenschmaus: Oskar kriecht unter die Röcke der Großmutter.

Nachmittags Strandbad Brösen bei kurzen Aufhellungen zwischen endlosen Regenwolken mit Gänsehaut, Wolldecken, Schnaps und Gasöfen abgedreht. Kathies Art zu spielen ist ganz ähnlich wie die Davids: beide sind Medien.

Mario hört unsere Gespräche mit. Er hat dieselben Schwierigkeiten wie Kathie. Beide glauben, alles durch Spiel herstellen zu müssen – was sie auch können –, und vertrauen nicht genug auf die Ausstrahlung ihrer Persönlichkeit. Es kann aber sein, daß gerade für »Die Blechtrommel« dieses Herstellen wichtiger ist als das Einbringen der Persönlichkeit.

Als ich ins Hotel komme, immer noch kein Anruf und keine Nachricht von Dir.
5. September
Friedhof: Beerdigung seiner armen Mama. Spielzeughändler Markus wird weggejagt.

Schwierigkeiten, die ich noch nicht ganz ernst nehme: die polnische Produktion kann weder Aale noch einen Sarg, weder einen Pferdewagen noch heißen Tee am Drehort besorgen. Heute haben wir bei strömendem Regen zwei Stunden auf dem Bauernhof gewartet, daß ein Pferdewagen kommt. Der Lkw hatte sich verfahren ...

Daniel beklagt sich, wie damals in Zagreb, daß ich nicht oft genug mit ihm spreche, nicht genug probe, er allein gelassen ist. Er verhält sich wie ein Star, der nicht zulassen kann, daß andere gleichzeitig hinter und neben ihm ihr Eigenleben führen.

Dagmar schließlich will nicht mehr, Yoshy und Inge sind ebenfalls sauer, mehr auf Dagmar als auf uns. Nie wieder einen Film, sagt Dagmar. Ich sage, was uns trennt, ist eine Milliarde Subvention. Ich klage zwar auch über die organisatorischen und technischen Schwierigkeiten: sie zu überwinden ist aber unsere Arbeit, die sich nicht auf eine rein künstlerische reduzieren läßt. Die Theaterleute wollen nicht begreifen, daß es beim Film vor allem ums Machen geht.

Dabei fühle auch ich mich oft wie ein Standfotograf, d. h. ich mache mehr Bilder, als daß ich Szenen inszeniere. Langer Aufbau und Aufwand, um ein Zehn-Sekunden-Bild zu filmen, z. B. heute beim Leichenschmaus. Im Schlamm dieses Bauernhofes wirkten wir wie eine Besatzungsarmee, und man kann das Trauma 1939 der polnischen Mitarbeiter verstehen: wir mit unserer Technologie, modernsten Geräten gegenüber polnischen Traumtänzern in durchnäßten Turnschuhen ohne Arbeitsgerät (Bühne und Licht). Unser Dorfpfarrer, Gustav Holubek, die Gloire des polnischen Theaters, sitzt herum, macht praktisch Komparserie und möchte im Boden versinken angesichts des Fiaskos der Produktion.

7. September
Spielzeugladen. Sigismund Markus liefert eine neue Trommel.
Der Spielzeugladen ist eine grün-blaue Schachtel, eine Gruft. Ins Gespenstische vergrößerte Kinderbuchbilder schmücken die Wände, nehmen andere Gespenster vorweg. In den Vitrinen das wunderschöne alte Spielzeug der Sammlung Ivan Steiger.
Vergessen wir das wirkliche Licht. Leuchten wir jedes Bild, jede Einstellung für sich, vergessen wir die Schachtel und modellieren wir das, was wir reinstellen: die Leute und das Spielzeug.

8. September
Spielzeugladen, Reichskristallnacht. 8. November 38. Der Laden wird zerstört, Markus bringt sich um.
Ich bin müde, müde, müde, werde den ganzen Tag nicht richtig wach. Meistens müssen wir ohnehin auf nicht fertige Dekorationen oder auf das Licht warten – zum Arbeiten mit den Schauspielern bleibt nicht genug Zeit. Auch Aznavour wird unruhig.
Markus'/Aznavours Tod, eines der beklemmendsten Bilder bisher. Die vorgesehene und vorbereitete Zerstörung der Vitrinen und des Spielzeugs lassen wir weg, zeigen nur den toten Spielzeughändler inmitten der von Bernd Lepel aufgebauten Puppenköpfe und -glieder.

9. September
Danzig, Markt am Hafen. Großmutter sitzt über die Jahre in ihren vier Röcken und verkauft, was sie aus Bissau auf den Markt bringt.
33. Drehtag. Davids 12. Geburtstag, weiter Marios und Lilos Geburtstag – ein Fest. Ich habe Angst vor der langen Zeit, die noch

vor uns liegt – nochmal so viel wie bisher plus zwanzig Tage! Wie wenig Wirklichkeit haben wir in 33 Tagen eingefangen im Vergleich zu »Kombach«, wo wir im Ganzen nur 24 Tage gedreht haben.

Die Silhouette der Stadt taucht wie ein Traum aus dem Nebel auf. Agnes und Anna sitzen vor Gänsen, Pilzen und Kartoffeln, zusammen mit lieben, alten Kaschubinnen. Die junge Agnes Dialekt sprechen lassen, aber nicht mehr später in der Wohnung.

11. September

Nach zwei drehfreien Tagen komme ich zum Nachdenken und schrecklichen Erkenntnissen: Daniel ist fehlbesetzt als Bronski – jedenfalls ist es nicht gelungen, in seine Figur eine Einheit zu bringen. Die Schlüsselszenen in der Polnischen Post – Kinderzimmer und fensterloser Raum – sind verpaßt und verpatzt. Wo soll ich ihn da noch zu fassen bekommen? Morgen mit ihm, Mario und Angela das Buch noch einmal durchsprechen.

Auch Kobyella bleibt an der Oberfläche, sein Kampf und sein Tod haben keine Kraft.

Aznavour meschugge genug oder zu normal?

Ilse Pagé, A. Ferréol und viele andere kommen kurzfristig an, drehen ein paar Tage, müssen wieder anderswo arbeiten. Ein homogenes Ensemble fehlt einfach.

12. September

Stockturm, Innenstadt. Hoch über der Stadt entlädt Oskar seine Wut. Er zersingt die Scheiben des Langgasser Tors.

13. September

Pension Flora, Stockturm, Theater. Oskar verfolgt seine Mama.

14. September

Pension Flora, Stockturm, Tischlergasse. Oskar stellt sich vor, wie seine Mama Jan Bronski liebt.

Heute zum ersten Mal seit drei Wochen Muster und gute Muster.

Bahnhof: kurzer Abschied ohne Pathos, besser als erwartet. Sehr schön Berta Drews' Gesicht am Schluß. Demut – nicht die Tragik der Situation auch noch spielen.

Friedhof: Mario ist wütend, weil er bei Agnes' Begräbnis kaum zu sehen ist. Ich bitte ihn um Geduld. Seine Szenen kommen im Atelier, im Laden und in der Wohnung Matzerath.

Bahnhof: der Leichenschmaus erinnert wirklich an Dovabenko. Endlich übertreffen die Muster unsere Erwartung.

Oskar nicht so viel Freiraum geben. Er ist zwar die Hauptperson der Erzählung; für seine Eltern und die anderen ist er aber nur ein

Rotzjunge und Krüppel, der herumsteht und um den sich niemand kümmert.

15. September
Kaschubei, Kartoffelacker. Ein Brandstifter findet Zuflucht unter den Röcken der Großmutter.

16. und 17. September
Kaschubei, Kartoffelacker. Die Gendarmen suchen Koljaiczek vergeblich.

19. September
Zwei Tage Kartoffelacker, ein Tag Floßhafen. Ich glaube, der Anfang des Films wird sehr schön. Tina Engel hat alle begeistert, auch mir ist sie in den wenigen Szenen ans Herz gewachsen. Tiefe Wolken, dunkler Himmel, Regen und Schlamm, die Natur war mit uns.

Gestern abend kam Grass an, alle Schauspieler fanden sich wie zufällig im Speisesaal des Hotels, und im Laufe des Abends hat er mit allen gesprochen. Am Drehort, wohin er direkt vom Flughafen gebracht worden war, ertappte er mich beim Drehen des »Springens über den Schornstein der Ziegelei«. Ein Bild, das trotz der Genauigkeit der Beschreibung nicht im Film zu verwirklichen war. Grotesk, aber leider lächerlich anzuschauen war, wie die Gendarmen über unseren perspektivisch verkürzten Horizont sprangen.

Zu Günter Grass' Befremden haben wir den kaschubischen Kartoffelacker im Werder gedreht – dem Flachland in der Weichselmündung, durch Deiche aus der Marsch gewonnen. Der kaschubische Kartoffelacker, den er beschreibt, ist heute der Flughafen von Gdansk. Die Kaschubei ist sehr hügelig, mit viel Seen und Wäldern, während ich mir beim Lesen immer ein weites, unendlich flaches Land vorgestellt habe.

Grass hat sich nichts anmerken lassen auf meine Erklärung, daß wir Weite und Himmel am Anfang mehr brauchen als Hügel, die den Horizont verstellen – auch wenn sie authentisch sind. Für heute vormittag war eine Mustervorführung angesetzt. Mir ist nicht wohl dabei. Was soll ein Autor mit den ungeschnittenen Mustern, d. h. mit den ausführlichen Wiederholungen einzelner Bewegungsabläufe anfangen? Prompt heute abend, kaum vom Floßhafen zurück, sagt David mir, die Vorführung hätte Günter Grass wohl nicht so gefallen. Er habe ihm nur gesagt, daß er gut gespielt habe. David ist also vor seinem »Schöpfer« so nervös wie ich.

Ich muß Günter Grass auf jeden Fall sagen, daß er David kräftig loben soll. Er braucht die Bestätigung von dritter Seite. Durch seine

Eltern spürt er sicher, daß der Autor irgendwie ganz oben rangiert und seine Reaktion ebenso wichtig ist wie mein täglicher Zuspruch. Ich gehe erst mal schlafen. So eilig habe ich es nicht, mit dem Autor zu sprechen. Ich verfilme nicht seinen Roman, um ihm – Günter Grass – einen Gefallen zu tun, sondern ich mache einen Film, der »Die Blechtrommel« heißt und dessen Drehbuch auf dem gleichnamigen Roman basiert. Wichtig für mich ist, daß ich einen guten Film mache, nicht, daß ich dem Autor gefalle.

20. September

Friedhof, Bronskis Grab. Schugger-Leo zeigt Oskar, wo sie Jan Bronski erschossen haben.

Um 9 Uhr früh ruft Gabriele Seitz an, Günter Grass wolle mich sprechen. Ich sage, gut, um 10 Uhr, damit ich Zeit habe, wach zu werden. Um halb zehn bin ich dann doch schon im Speisesaal. Grass zieht mich in eine Ecke. Er hat gestern abend eine Stunde Muster gesehen. Er ist sehr zurückhaltend mit Wertungen, will sich nicht einmischen. David als Oskar gefällt ihm sehr.

Auch Angela. Bronski weniger, zu oberflächlich. Er ist ja mit seiner Angst der einzige Normale unter all den Kleinbürgern, die der Heldenwahn ergriffen hat. Matzerath erobert Frankreich, dringt bis tief nach Rußland ein, nur Jan Bronski bleibt da und fürchtet sich.

Gut die Foto-Schnappschußszene. Wie Matzerath noch mal hinschaut und die Brauen hebt. Gut auch Angelas Lächeln, das gleich wieder stumpfer Geilheit weicht. Es fehlt bei den Aalen eine Großaufnahme von Angela beim Kotzen – Fädenziehendes. Die gesunde Reaktion des Körpers, der sich umstülpt – und damit auch die Einleitung des Todes.

Bei Kathie stört ihn die Verkrampfung in der Badekabine, dadurch fehlt der Szene die Unschuld.

Ich glaube nicht, daß Kathie in der geschnittenen Fassung verkrampft wirkt. Sie hat es geschafft, mit David eine sinnliche Spannung herzustellen, die aufregender ist als Nacktheit.

Grass hat sehr genau hingeschaut. Wie beim Schreiben geht er auch beim Betrachten der Bilder immer von Details aus, ehe er aufs Ganze kommt. Nur zu Recht hat er mit der Kritik an der Darstellung des Jan Bronski. Hier in Polen ist mir Daniels Schwierigkeit, seine Rolle dem Buch entsprechend darzustellen, ganz klar geworden. Er ist Pole, stolz, eine Art Nationalheld, der immer aktive, fast immer positive Rollen spielt. Jetzt soll er den ewig passiven, oft weinerlichen, im Krieg feigen, im Leben eitlen polnischen Postsekretär spielen – und das in einem deutschen, in einem BRD-Film! Wir hatten natürlich vorher darüber gesprochen. Er verstand, daß die Besetzung bewußt gegen den Typ war, eben damit er nie lächerlich wirke. Er ist passiv und anscheinend feige, weil er sich an dem Heldenwahn nicht beteiligen will – nicht weil er es nicht könnte.

Nach Drehschluß treffen Angela, Mario, David, Fritz Hakl, der den Liliputaner Bebra spielt, und die Zwerge Emil Feist und Behrent sich mit Günter Grass. Er möchte mit ihnen über die Rollen sprechen.

»Ich fange mit dir, David, an und mit Ihnen, Bebra, weil Sie der einzige sind, den Oskar anerkennt. Mit Bebra sprichst du, David, wie ein Erwachsener. Ebenso mit Schugger-Leo. Weil beide nicht zur normalen Welt gehören, brauchst du ihnen auch nicht den Dreijährigen vorzuspielen. Du lernst Bebra im Zirkus kennen, zwischen zwei Vorstellungen, zu einer Zeit, in der politisch viel los ist: die Nazis haben die Macht ergriffen. Er warnt dich vor ihnen. Er fordert dich auf, zum Zirkus zu kommen, damit du nie mit den Nazis vor den Tribünen aufmarschieren mußt. Daran erinnerst du dich, als Matzerath zur Kundgebung geht. Du schleichst unter die Tribüne, wie Bebra es dir geraten hat, und sprengst den ganzen Aufmarsch mit deiner Trommel. Später triffst du Bebra wieder, er hat die eigene Idee verraten. Er stellt sich und seine Liliputanertruppe in den Dienst der Macht. Es schmeichelt ihm, daß man ihm Gelegenheit gibt, in Berlin vor allerhöchsten Führungsgremien aufzutreten. Die Verführbarkeit des Künstlers durch die Macht. Als deine Eltern dich im Zirkus mit den Zwergen sprechen sehen, sind sie entsetzt. Um Gottes willen! ruft deine Mutter und bekreuzigt sich. Es ist ihre fatalistisch-katholische Einstellung, die sie nicht weiter einschreiten läßt. Matzerath dagegen, praktisch und kleinbürgerlich wie er ist, bricht den Zirkusbesuch einfach ab. Das ist kein Umgang für unser Oskarchen, und wenn er noch so klein ist und genauso wie die da! Aber Oskar hat begriffen, er wird Künstler, wenn nicht Artist sein.«

Bei uns am Tisch sitzt Marie-Luise Scherer vom »Spiegel«. Sie notiert sich, daß ich mir Notizen mache. »Wohl für ein Buch«, heißt es später in ihrem Bericht.

Es ist inzwischen halb zehn Uhr geworden und David muß ins Bett. Morgen früh geht's um sieben Uhr los zur ehemaligen Deutschritterordenstadt Marienburg, wo wir den Zirkus drehen (in Jugoslawien hat es damit doch nicht geklappt). David verabschiedet sich mit einem sehr förmlichen Diener.

Auch Fritz Hakl/Bebra ist müde. »I konn eh nix anfangen mit Erklärungen. I spiel halt, wos im Drehbuch steht«, sagt er wienerisch. Fritz Hakl ist wie die meisten Liliputaner in eine normalwüchsige Familie hineingeboren, auf einem Bauernhof in Kärnten. Auch sein Bruder war ein »Kleiner«, wie er sagt. Da sie für die Feldarbeit nicht taugten, sind sie einer Anzeige gefolgt und in den Prater gegangen. Fritz Hakl ist seit über zwanzig Jahren Artist. Er fährt Einrad, jongliert, wahrsagt, spielt ein Dutzend Instrumente und wirkt so unwirklich lieb und verträumt, als komme er aus einem Märchen. David liebt ihn innig, spielt und rauft mit ihm wie mit einem Zehnjährigen und läßt sich von ihm alles über Zirkus erzählen.

Grass spricht inzwischen mit Angela und Mario, leider ist Daniel Olbrychski nicht da. Er hat Theatervorstellung in Warschau. Es geht Grass besonders um dieses Trio: Agnes, Jan und Matzerath. Agnes' Neigung zu Jan Bronski bleibt erotisch, ist aber auch brüderlich-schwesterlich. Manchmal verachtet sie ihn, weil er sie nicht ganz für sich verlangt. Auch Matzerath gegenüber äußert sich ihr schlechtes Gewissen in Verachtung, weil er dieses Verhältnis toleriert. Er duldet ihr Verhältnis zu Bronski nicht aus Gleichgültigkeit, sondern weil er ein so steiles romantisches Gefühl wie das Jan Bronskis einfach nicht aufbringen kann. Er weiß, daß Agnes es braucht. Es erleichtert ihn, daß es ein anderer für ihn macht. Er weiß auch, daß die beiden ihn brauchen – wie einen Vater, außerdem als Dritten zum Skat. Ein kleinbürgerliches Jules-und-Jim-Trio.

Außer gelegentlichen Ausbrüchen der Agnes wegen Oskars Kellersturz gibt es keine Auseinandersetzungen. Wenn sie Matzerath diese Vorwürfe macht, weint er manchmal, weil sein Gemüt weich sein kann. Die Freundschaft zwischen Matzerath und Bronski dauert auch nach Agnes' Tod an. Erst der Krieg trennt sie: mit einem Polen darf man nicht mehr umgehen. Bronski selbst akzeptiert diese Haltung Matzeraths. Wäre die historische Situation umgekehrt, würde er sich ebenso verhalten. (Das glaube ich nicht. Kleinbürger sind zwar eine internationale Erscheinung, aber ein Pole verhält sich doch anders als ein Deutscher.)

Überhaupt wegkommen von den Begriffen sympathisch – unsympathisch. Agnes kann ruhig ziemlich ordinär sein. Wichtig ist, daß jede Person eine Grenze hat, an der ihre Würde einsetzt. Jan Bronski z. B. nimmt alles hin, nur als Pole läßt er sich nichts abhandeln. »Alfred, ich bin Pole!« Alfred Matzerath dagegen macht alles mit, ein braver NSDAP-Zellenleiter. Nur als Oskar abgeholt werden soll zur Euthanasie, protestiert er.

»Was haben wir noch?« fragt Grass, als Stille sich breitmacht. Jeder überlegt, wie er das Gesagte in seine Rolle umsetzen kann.

Mario fängt an zu singen:

»Es geht alles vorüber,
es geht alles vorbei.
Auch Adolf Hitler
und seine Partei.«

Ich höre auf, Notizen zu machen. Wir sprechen über Oskar Matzerath bzw. über David Bennent. Oskar Matzerath ist für mich der Einstieg in »Die Blechtrommel« gewesen, denn ich habe nicht dieselbe Geschichte wie Günter Grass und ich mußte, um in das Buch und in seine Welt eindringen zu können, einen Schlüssel finden, etwas Gemeinsames. Es war die Kindheit. Ich war ein sehr ernstes Kind, kein enfant terrible wie Oskar Matzerath. Der Film wird auch mehr die Beschreibung der Beziehung eines Kindes zu den Erwachsenen sein als eine Milieubeschreibung des Kleinbürgertums der 30er Jahre, mit dem ich nichts direkt zu tun habe.

Manchmal habe ich beim Drehen den Eindruck, daß ich versäumte Kindheit nachhole oder jedenfalls eigene Kindheit jetzt bewußt miterlebe. Dabei hilft mir vor allem David, der für mich mehr als ein Schauspieler ist: er ist ein Medium. Er hat selbst Probleme, die ähnlich sind wie die des Oskar Matzerath, d. h., daß er ein authentisches Element reinbringt. Er spielt nicht den Oskar Matzerath, sondern er bringt sich ein, so daß der Film gleichzeitig ein Dokument wird über das besondere Kind, das er ist.

David hat sich das Buch ganz angeeignet. Wir haben es ihm so oft vorgelesen, er hat es so oft immer wieder mit Fragen aufgearbeitet, daß er sich als Dreijähriger von sich aus den Mund mit Kuchen verschmiert und verhält wie ein Dreijähriger. Ist er der Achtzehnjährige, versucht er Erwachsene, die er beobachtet hat, zu kopieren und verhält sich auch den ganzen Tag über wie ein Achtzehnjähriger. Ich muß schon geradezu aufpassen, damit er sich nicht hinter der Rolle versteckt, damit er auch noch als er selbst, David Bennent, Kind, hereinkommt. Oskar Matzerath ist zwar ein außergewöhnliches Kind, aber kein unnormales Kind. Sein Blick auf die Welt der Erwachsenen, die immer kindischer werden, je erwachsener sie sind, und trotzdem nie den Ernst der Kindheit wiederfinden. Dieser Ernst der Kindheit ist auch das, der mir das Buch und die Figur nahegebracht hat.

Wir stellen Situationen her, in denen Oskar Ereignisse der Kindheit erlebt und mit ihm David, der die Rolle nicht nur spielt, sondern auch erlebt. Jede Einstellung hat etwas von einem Happening. Was uns dabei bestürzt, ist, wie schamlos David sich vor der Kamera verhält. Damit sticht er natürlich – ohne das bewußt zu machen – die anderen Schauspieler oft aus. Sie müssen ja immer etwas von sich zurückhalten vor einer Kamera, da sie sich als erwachsene Menschen nie ganz entäußern können.

Davids Schamlosigkeit der Kamera gegenüber ist ganz ähnlich der Schamlosigkeit des Oskar Matzerath seinem Milieu gegenüber. Und deshalb schockiert David auch. Er ist das Gegenteil von einem Kinderdarsteller, den alle rührend finden. Er ist mitleidslos, ohne jede Anbiederung, ohne Sentimentalität. Er kann sich augenblicklich aus der Rolle rauskatapultieren, haut auf seine Trommel nicht als Oskar Matzerath, sondern als David Bennent, weckt das ganze Team auf; plötzlich sind alle wieder ernüchtert und aufmerksam. Er benutzt die Trommel buchstäblich, um Distanz zwischen sich, David Bennent, den Oskar Matzerath und uns – die Zuschauer und das Filmteam – zu bringen. Die Trommel ist für ihn das Bindeglied zwischen Oskar Matzerath und ihm selbst. Er benutzt sie ähnlich wie Grass seine Schreibmaschine oder wie Oskar Matzerath seine Trommel. Sie ist Bindeglied, und sie ist gleichzeitig Schutzschild. Eben noch war David selbst erschüttert in einer Szene, dann ist er wieder der Junge mit der Trommel, der draufhaut, der Faxen macht. Alle lachen, und es gibt nicht diesen peinlichen Moment, wo man den Eindruck haben könnte, zum Voyeur eines krankhaften Phänomens geworden zu sein. Er stilisiert das plötzlich zu einem Ulk, und die Situation ist vorbei.

Bei der Arbeit sind wir Komplizen. In mir sieht er einen, der ihm hilft, ans Leben ranzukommen, Situationen auszuprobieren, die er als Zwölfjähriger noch nicht kennt. Der Film und die Rolle sind eine Art Schule des Lebens für ihn. Er macht aber nicht einfach nach, was ich ihm vorschlage, sondern er hat seine eigenen Ideen. Diese Ideen muß man aufnehmen oder sie ihm widerlegen – sonst kommt der Trotz des Kindes, das sich nichts einreden läßt.

21. September
Zirkus. Oskar sieht zum ersten Mal Liliputaner.
Wie schön war es, einmal einen Tag lang über unsere eigentliche

Arbeit zu sprechen. Heute hat uns die Wirklichkeit eingeholt – und die Kälte.

Ein zwei Meter langes Fernschreiben vom Kopierwerk in Berlin teilt mit vielen Zahlen, Klappen- und Emulsionsnummern mit, daß die gesamte Arbeit der letzten vier, fünf Tage zerstört ist. Flackern und Lichteinfall auf dem Negativ, dessen Ursprung noch ungeklärt ist. Fieberhaftes Suchen danach setzt ein: wieder die Kamera oder das Negativmaterial? Belichtung beim Durchleuchten in der Sicherheitsschleuse am Flughafen? Statische Elektrizität? Schlamperei?

Fest steht, daß die ganze Anfangsszene auf dem Kartoffelacker wiederholt werden muß. Ebenso Oskars große Arie auf dem Rathausturm, von wo er auf einen Schlag die 128 Fenster des Langgasser Tors zersingt, die spektakulärste und aufwendigste Aktion unserer special effects. Auch ansonsten erschüttern uns die technisch unbrauchbaren Muster: David wirkt erschöpft. Die Anstrengungen der letzten Wochen sind ihm deutlich anzusehen. Er strahlt nicht mehr. Das ist uns übrigens auch heute beim Drehen der Zirkussequenz aufgefallen. Ich bekomme Zweifel, ob wir nicht zu viele Bilder machen, zu wenig Menschen zeigen.

Aznavour als Spielzeughändler Markus bleibt merkwürdig fern und fremd. (Beim Schnitt stellt sich später heraus, daß die Figur des Juden gerade aus dieser Zurückhaltung ihre Kraft bezieht.)

Sollen wir mehr Großaufnahmen machen, unmittelbarer an die Personen herangehen oder bei den Bildern bleiben?

Im Drehbuch finde ich auf einmal zu viele Sprünge, zu viele Ellipsen, zuviel Außergewöhnliches und nicht genug Alltägliches, Konkretes. Die Zweifel, ausgelöst durch den Negativschaden, erstrecken sich schlagartig auf das ganze Unternehmen. Es ist alles nur passiert, weil wir zu weit vom Kopierwerk weg sind, weil die Transport- und Zollprobleme die Muster immer zwei Wochen und mehr aufhalten, so daß wir uns nicht von Tag zu Tag korrigieren können. Die Zweifel bringen auch Mißtrauen. Am Drehort herrscht eine grauenhafte Stimmung.

Heute nacht im Traum sind Igor und ich mit abgehauenen Colaflaschen aufeinander losgegangen. Wir sind uns nicht einig über die ersten Bilder des Films: die Großmutter in ihren vier Röcken auf dem Kartoffelacker in der Kaschubei. Igor sieht die Szenen unwirklich, fast märchenhaft verklärt. Unwirklich sehe ich sie auch, aber hart wie frühe Stummfilme. Beide haben wir dasselbe Vorbild, für diese Sequenz und unsere gesamte Arbeit überhaupt: Dovschenkos Film »Die Erde«. Und doch haben wir, davon ausgehend, beide andere Bildvorstellungen.

Was auf uns allen lastet, ist die Ungewißheit über den Ursprung des Negativschadens. Vielleicht ist alles, was wir zur Zeit drehen, auch unbrauchbar.

22. September

Zirkus. Oskar spricht mit Bebra (später einer der stärksten Momente des Films).

Der Drehtag war nur mit äußerster Anstrengung durchzuhalten: wie gelähmt die Phantasie. Kein Lächeln gelingt mir. Gespräch mit Igor versucht, aber bald beendet und in zerknirschtem Schweigen nebeneinander hergearbeitet – fast ohne zu sprechen. Er sagt nur, ich hätte ihn bei der Kartoffelackersequenz verunsichert mit dem Satz: »Die Wolken sollen nicht mit den Schauspielern konkurrieren.« Daraufhin habe er so viel weggefiltert, daß der Himmel nur noch weiß war.

Ich bin müde und erschöpft. Nur nicht aufgeben, nicht lockerlassen, gerade jetzt, wo der Film zu versanden droht. Tatsächlich waren auch heute Bebra und Oskar wieder nicht so gut wie in München bei den Proben.

Morgens schien die Sonne, also ging's aus Anschlußgründen nicht, wie vorgesehen, mit ihnen anzufangen. Abends waren sie müde, es war kalt und regnete. Der Text blieb wie aufgesagt. Mit Eberhard telefoniert und ihm meine Schwierigkeiten geschildert. Ihm geht es ebenso: wir sind nicht wegen der Negativschäden deprimiert, sondern weil die Muster – auch die guten – nicht leben, nicht ansprechen.

Alle Gedanken drehen sich immer um dasselbe: Wie aus der verfahrenen Situation rauskommen?

Für morgen erst mal einen freien Tag ansetzen, um die Muster in Ruhe noch mal zu sehen. Davon werden sie nicht besser werden.

23. September

Stockturm. Oskar trommelt und schreit.

Heute sollte unser letzter Drehtag in Polen sein; wegen des Schadens bleiben wir eine Woche länger. Wir haben uns das gesamte Material noch mal angesehen und eine Menge möglicher Verbesserungen gefunden, so daß die Wiederholung nicht nur Wiederholung sein wird. Bei der Szene in der Pension Flora, wo Agnes schnell zwischen 5 und 7 mit Bronski schläft, können wir noch weiter gehen. Angela ist einverstanden, drängt regelrecht darauf, jetzt wo die Scheu vor der Nacktheit einmal überwunden ist. Um die Eile und den Druck, unter dem sie steht, darzustellen, wird sie gleich beim Reinkommen in das Zimmer die Unterhose abstreifen, noch vor Hut, Rock und Mantel.

Sie: nehmend, wollend, gierig, schwitzend, schreiend auf ihm.

Er: ängstlich, blaß, erschöpft.

Oskar steht draußen auf der Straße und stellt es sich so vor. Ihr Schrei gellt ihm in den Ohren und leitet über zu seinem glastötenden Schrei vom Rathausturm.

Aber zunächst wird der Kartoffelacker wiederholt, gleich am Montag, weil es der einzige Tag ist, an dem Tina Engel in Berlin spielfrei hat.

Schwieriger ist es mit dem Zersingen der 128 Fensterscheiben des Langgasser Tors. Wir haben nämlich kein Bruchglas mehr, und in Polen gibt es z. Z. nur 4 mm starkes Kristallglas. Im übrigen wirken die Muster heute, in einem anderen Kino gesehen, morgens und ausgeruht, ganz anders, eben doch besser.

Das ist das Schwierige beim Anschauen der Muster:

Unbeteiligte sind oft begeistert und verstehen nicht die Unzufriedenheit des Teams und der Schauspieler. Woher kommt das? Beim Drehen haben wir eine sehr genaue Vorstellung davon, wie die Szene auf der Leinwand aussehen soll. Wir visualisieren alles und sehen die Bilder schon in unserem Kopf, bevor der Film entwickelt ist. Beim ersten Ansehen bleiben die Muster dann meist sehr hinter dieser Erwartung zurück. Genauer: wir schauen die Muster gar nicht an, sondern vergleichen sie mit dem, was wir uns vorgestellt haben. Nur weil sie anders sind, finden wir sie weniger gut. Erst beim zweiten Ansehen, beim Aussuchen der zu verwendenden Einstellungen im Schneideraum, sieht man sie mit mehr Geduld und für sich selbst. Oft erweisen sich dann die Einstellungen am stärksten, die bei der Mustervorführung am meisten enttäuscht haben. Doch obwohl ich das alles aus jahrzehntelanger Erfahrung mit eigenen und anderen Filmen weiß, falle ich immer wieder darauf rein.

24. September

0.30 Uhr. Alles löst sich auf in Euphorie und Freundschaft.

Neue Muster von Agnes' Beerdigung und vom Zirkus sind angekommen und sehr schön. Da leben die Menschen, die Verrückten wieder. Vor allem Marek Walczewski als Schugger-Leo, sein Tanz vor der Caspar David Friedrich-Kulisse des Friedhofs in den Dünen.

Fritz Hakl/Bebra und David im Zirkus ein hinreißendes Paar, die alten Zirkuswagen mit den matten Farben – verwaschenes Blau, Ahorngelb – Farben, die keine mehr sind, wirklich wie auf altem Spielzeug. Das liebe, schöne Clownsgesicht des Liliputaners, traurig schön geschminkt von Rino: da haben wir uns wieder gefunden. Langes Gespräch mit Igor, Erleichterung über das wiederhergestellte Verständnis. Er hat mir viel gebracht, immer wieder. Es gibt keine Sequenz, die nicht von ihm in der Auflösung und Inszenierung beeinflußt und geprägt ist.

25. September
Wiederholung Kartoffelacker.
Noch vor Arbeitsbeginn mit Eberhard und Igor zu dem Kartoffelacker, den ich ursprünglich ausgesucht hatte.
Als ich die weite Talmulde, kleine Felder wie Fleckerlteppiche und die frischgepflügten Äcker sah – dabei Igors und Eberhards kritischen Blick im Rücken spürte –, bekam ich einen Heulkrampf. Hier muß ich das noch mal drehen! Hier sieht's aus wie in Kombach, hier stimmt die Szene! Die beiden waren gleich einverstanden, die ganze erste Sequenz noch mal neu zu drehen. Auf diesem Acker.
Tina Engel ist schon wieder in Berlin; sie hat jeden Abend Vorstellung außer montags. Sie könnte also morgens mit dem kleinen Flugzeug von Berlin-Schönefeld herkommen. Bis dahin drehen wir alle Totalen und Einstellungen, in denen man sie nur von hinten sieht, mit einem Double.
Es regnet in Strömen. Die Fahrzeuge bleiben auf dem schlammigen Weg stecken. Ein Bauer transportiert uns die Kamera zum Aufnahmeort; auf Licht müssen wir verzichten. Die polnischen Arbeiter bleiben im Bus, weil sie weder Gummistiefel noch Regenkleidung haben. Verständlicherweise haben sie keine Lust, sich für diese westdeutsche Produktion eine Lungenentzündung zuzuziehen.
Franzl baut unsere Schornsteinattrappe am Horizont auf. Jaconelli heizt so stark ein, daß bald der ganze Schornstein brennt. Der Regen löscht die Bescherung. In einem Wolkenloch über uns brummt ein Propeller. Tina und Roland Teubner sind eine halbe Stunde später am Drehort, denn der Flughafen von Gdansk ist ganz in der Nähe von Bissau, und zwar genau auf dem Acker, wo eine Großmutter der Familie Grass eines Tages gesessen haben soll . . .
Wir sind alle schon naß bis auf die Haut, riesige Lehmklumpen schleppen wir an den Füßen rum, aber die Gendarmen sind sehr gut, die Szene bekommt Leben, die Bilder atmen. Als ein Gendarm

hinfällt, schlägt Igor vor, den Sturz einzubauen, den anderen Gendarmen zurücklaufen und zu Hilfe eilen zu lassen, um so Koljaiczek den nötigen Vorsprung zu verschaffen. Eine gute Idee, die mir hilft. Er arbeitet also mit, auch wenn es seinem verbissenen Gesicht hinter der Kamera nicht anzusehen ist.

Die innere Anspannung und Angst wird mit fortschreitender Nacht immer größer. Freitag, am Zirkus, war ich nachmittags gelähmt wie ein Schauspieler, der auf offener Bühne einen Hänger hat. Eine große Stille um mich herum und in mir. Alle schauen mich an und erwarten, wie es weitergehen soll, was die Darsteller machen, wo die Kamera steht – und in mir setzt alles aus. Ich fühle mich kaum noch betroffen und könnte ebensogut den Platz verlassen und einfach weggehen. Das passierte in dem Augenblick, als Grass uns zuschaute und plötzlich mir und den Darstellern Vorschläge machte, was für Bilder, was für Betonungen wir machen sollten. Jetzt immer öfter die Angst – seit den Mustern vom Kartoffelacker und von der Pension Flora –, daß der Film doch niemanden anspricht.

26. September

Es dämmert draußen. Vergeblich suche ich ein blaues Loch in dem trüben Himmel. Scheint heute früh die Sonne, könnten wir wenigstens die Fensterfassade des Langgasser Tors »zersingen«. Die Scheiben sind seit ein paar Tagen wieder präpariert, doch nie war vormittags Sonne, und nur die Morgensonne bringt die notwendige Spiegelung in den Fenstern.

Heute mittag müssen wir den Kartoffelacker wiederholen oder ergänzen. Ich weiß nicht wo, wieder in der Ebene oder in den Hügeln der Kaschubei? Ganz neu drehen oder das Bestehende nur durch ein paar zupackende Großaufnahmen ergänzen?

Igor möchte am liebsten gar nichts nachdrehen.

Der Ruhetag hat mich nicht weitergebracht, die Angst vor dem Versagen wächst. Die irgendwo seit frühester Kindheit gespürte Unfähigkeit, künstlerisch etwas Eigenes zu schaffen, verdrängt die Zuversicht der ersten Wochen. Ich meine, daß jeder, der mir zuschaut – und es sind täglich mehrere Journalisten, Fotografen und Fernsehleute – es deutlicher bemerken müßte, als ich es vor mir selbst wahrhaben will.

Habe ich diese Zweifel immer? Hilft es, sie aufzuschreiben, um sie zu bannen? Hilft es, später bei ähnlicher Gelegenheit nachzulesen, um sich zu vergewissern, daß sie überwindbar sind, oder ist dies ein Tagebuch des Weges in die Katastrophe?

27. September
Wiederholung Tischlergasse, Pension Flora.

28. September
Das ganze Grüppchen über Warschau und Berlin DDR nach
West-Berlin geschleust, mit Tränen und Hysterie durch Koffer-,
Zoll-, Visum- und Paßkontrollen. In der Hoffnung, nun in der
westlichen Welt wieder Komfort zu finden. Doch wie erschrek-
kend schon die Fahrt vom Grenzpunkt Rudow an Gropiusstadt
vorbei ins Zentrum. Wie neurotisch und gehetzt die Menschen
wirken, viel kaputter als in Polen. Entsetzen schließlich bei der
Ankunft in den Appartementhäusern an der Bundesallee: fleckige
Wände und Teppiche, speckige Sitzgarnituren im schlimmsten
Kunststoff der 50er Jahre, überall blättert die Farbe ab, vor den
dünnen Fenstern der laut flutende Verkehr. Ich weigere mich, das
Team und mich hier unterbringen zu lassen. Doch es gibt nichts
anderes, alle Hotels sind belegt.
Inzwischen ist es drei Uhr nachmittags. Wir haben seit dem
Frühstück in Gdansk um 6, also 5 Uhr deutscher Zeit, nichts
gegessen, aber hier an der Bundesallee gibt es nichts. Wir fahren
zum Motiv, gehen mit geschlossenen Augen durch die Uthmannstraße in eine Kneipe, um erst mal Bouletten zu essen und ein
deutsches Bier zu trinken. Igor kommt an. Er ist über Frankfurt/
Main geflogen aus Angst vor den DDR-Behörden – zu Recht, denn
die Kontrolle war sehr streng. Ali haben sie mit seinem Westberli-
ner Paß nicht eingelassen.
Dann gehen wir raus auf die Straße, die Nikos und Bernd seit
Wochen umgebaut, z. T. mit ganzen Hausfassaden ergänzt haben.
Es ist der Hauptschauplatz der »Blechtrommel«, der immer wie-
derkehrende Ort der Handlung, von Grass wie ein Mikrokosmos
beschrieben: der Labesweg in Danzig-Langfuhr. Eine Vorortstraße
»gerade so groß und so klein, daß alles, was sich auf dieser Welt
ereignet oder ereignen könnte, sich auch hier ereignete oder hätte
ereignen können« – wie es in »Hundejahre« heißt. An der Veränderung der Straße vor dem Kolonialwarenladen sowie am Altern der
immer gleichen Bewohner in den Hinterhöfen und Treppenhäu-
sern wird der Ablauf der Zeit am spürbarsten.
Die Straße ist sehr schön, die Bauten passen sich genau ins Stadtbild
ein. Kaum einer erkennt sie als Dekoration. Vor allem der Laden
Matzerath ist ein wahres Museum. Palmin, Margarine, Stärke,
Kaba, Sunlicht – alle Packungen farbecht nachgedruckt und liebevoll zusammengeklebt. Echte Vitello-Margarine! Eine rührende

Arbeit von Bernd Lepel und seinem geisterhaften Mitarbeiter Thomas. Alle Farben stimmen, sogar der Geruch und die eigenartig gedämpfte Akustik im Laden.

Abends treffe ich Suzanne in ihrem Appartement. Sie ist schon seit zehn Tagen hier, um den Schneideraum einzurichten und alles, was wir bisher gedreht haben, zu sichten. Sie leidet unter den Umständen, vor allem der Atmosphäre bei CCC: ein Schneideraum ohne Equipment usw. Sie hat alle Muster im Schnellgang gesehen, weil der alte Tisch sonst zu stark flimmert. Traurig, daß ihr erster Eindruck also nur sehr oberflächlich und unstimmig sein kann. So sind auch ihre Bemerkungen nicht leicht zu verstehen, zumal sie die Muster ungeordnet, also Sequenzen und Einstellungen wild durcheinandergewürfelt und ohne Ton gesehen hat.

Sie meint, es sei ein schwieriger Film, womit sie Schnitt und Rhythmus meint sowie überhaupt den richtigen Ton zu finden. Immer etwas komisch, aber sehr pessimistisch dabei – ein Schrei nach Leben! Zum ersten Mal ließe ich mich gehen, was bei »Fangschuß« schon zu spüren gewesen sei. Drews als Großmutter findet sie auf dem Bahnhof am Ende sehr gut, Jan Bronski dagegen zu unbestimmt.

Unmöglich einzuschlafen. Nach und nach kritzele ich zwei Seiten Stichworte für morgen. Um drei fällt mir noch ein, als erstes zu prüfen, mit welchem Auto Ferréol abgeholt werden soll am Flughafen. Was ich nachts ahnte, erwies sich morgens als richtig: mit dem alten VW-Bus.

Schließlich halte ich den Straßenlärm vor dem Fenster nicht mehr aus und schleppe die Matratze in den Flur. Doch der Verkehr dringt sogar bis hierher durch, die engen hohen Wände um mich beklemmen mich so, daß ich regelrechte Wahnvorstellungen kriege und jeden Moment erwarte überzuschnappen oder ein Herzkasperl zu kriegen.

2. Oktober

Laden Matzerath. Oskar und seine erste Trommel. Heimkehr aus der Stadt. Überall spricht der Führer.

3. Oktober

Laden Matzerath. Agnes ißt Unmengen Fisch.

4. Oktober

Labesweg. Oskar trommelt, die SA marschiert. Erster Schultag.

5. Oktober

Labesweg. Es schneit. Oskar trägt seine Ohnmacht zu Lina Greff.

6. Oktober
Laden Matzerath. Großmutter bringt die Maria aus Kokoschken.
7. Oktober
Gemüseladen Labesweg. Greff spricht über die Kartoffel.
8. Oktober
Seit letztem Sonntag fast nichts notiert: das ist auch ein inneres Abblocken. So schwer wie die Ankunft in Berlin war, ist die ganze Woche geblieben. Es ist schon idiotisch, nur dauernd zu jammern, obwohl das Drehen doch immer noch eine Freude ist, es nie Probleme mit David gibt und ich vielleicht noch nie so in einer Arbeit aufgegangen bin. Es ist eine Therapie für mich, aufzuschreiben, was mich bedrückt. Ich hoffe auch, später davon lernen zu können – wie immer nur aus den Fehlern. Das eigentliche Tagebuch wird ja nicht in dieses Heft, sondern auf Film geschrieben. Es ist das, was wir jeden Tag drehen und hoffentlich alle hier geschilderten Ängste widerlegt.

Neben vielen eingebildeten Schwierigkeiten muß ich aber eine wirkliche festhalten. Wir haben jetzt in Berlin zum ersten Mal den Ton gehört: alles zum Wegwerfen. Nicht nur als Stereoton, sondern schlichtweg als Ton unbrauchbar ist alles, was wir in Jugoslawien, Frankreich und Polen gedreht haben.

Der Tonmeister Peter Kellerhals, empfohlen von Jasny und vielen anderen, ist bei Drehbeginn zur allgemeinen Verwunderung mit seinem Bruder erschienen. Er wolle ihn ein bißchen einweisen, erklärte er uns. Doch dann verschwand er trotz Vertrag und mit dem Versprechen, in drei Tagen wieder dazusein, auf Nimmerwiedersehen. Sein Bruder, der unglückselige Mensch, vertröstete uns und sich von Tag zu Tag, bis feststand, daß der Tonmeister Peter Kellerhals Wort und Vertrag gebrochen hatte. In Frankreich würde ihm sofort die Berufskarte entzogen. Wir haben Gewerbefreiheit. Berufsverbot gibt es zwar auch, aber nicht wegen mangelnder Kompetenz. Jeder kann sich ein Tonbandgerät kaufen und behaupten, er sei Tonmeister. Es gibt weder handwerkliche noch korporative Regeln.

Wir haben versucht, einen anderen Tonmeister zu finden, doch niemand war frei. Ergebnis: alles muß nachsynchronisiert werden. Die Spontaneität der Originaltöne fehlt.

Der Schuldige ist nicht zu belangen. Er arbeitet an einem anderen Film.

Der Labesweg ist abgedreht, doch meist bei Regen und Kälte. Der Winter stimmt, auch mit Feuerwehrschaumschnee, doch der Sommer fehlt. Kalt waren wir aber auch alle untereinander: Kathie fühlt sich nicht mehr an dem Film beteiligt, glaubt alles nur in großer Hetze abzuspielen – was den Mustern aber nicht anzumerken ist. Im Gegenteil: ihre Ankunft im Laden Matzerath ist das dort bisher Lebendigste. Drews fühlt sich verunsichert, sagt sie, durch meine Kritik. Sie spüre jetzt die Rolle nicht mehr und wisse nicht, was sie spiele. Dabei ist sie jetzt viel besser. Doch die Bilder aus dem Labesweg sind stark. Überhaupt: die Muster jeden Abend sehen zu können, entkrampft sehr.

Schnupfen hält mich seit einer Woche in einem Dämmerzustand – vielleicht rührt die Gleichgültigkeit daher.

Wojciech Pszoniak ist heute angekommen. Ich lieb ihn sehr. Vorhin war ich seinetwegen mit Suzanne »Das gelobte Land« nochmal anschauen. Beeindruckt hat mich wieder das Tempo! Und die Beteiligung der Kamera. Vajda fühle ich mich so nahe wie keinem westlichen Regisseur. Daniel Olbrychski ist bei ihm sehr gut, allerdings in einer durch und durch aktiven Rolle.

9. Oktober

Laden Matzerath. Die Gestapo will das anomale Kind zur Euthanasie abholen.

10. Oktober

Laden Matzerath. Fajngold übernimmt das Geschäft – Russen. Exodus aus der zerstörten Straße.

11. Oktober

Hinterhof. Oskar und die Suppenköche.

12. Oktober

Studio – Wohnung Matzerath. Maria und Matzerath als Ehepaar. Er will Oskar nicht ausliefern.

13. Oktober

Studio – Wohnung Matzerath. Oskar überrascht die beiden auf dem Sofa und schlägt Maria dahin, wo sie den Matzerath eingelassen hat.

16. Oktober

Studio – Wohnung Matzerath. Maria bringt Oskar ins Bett. Oskar wird ausquartiert.

17. Oktober

Studio – Wohnung Matzerath.

Mit Wojciech Pszoniak war es ganz anders als erwartet. Er tastet sich vorsichtig an die Szenen heran, auch nach vielen Proben hat er den Rhythmus noch nicht gefunden, schleppt sehr zwischen den einzelnen Aktionen. Das überrascht mich so, daß ich am ersten Tag

nicht recht weiß, was ich ihm außer schneller, schneller! sagen soll. Es ist bei ihm wohl auch Vorsicht, um am ersten Tag nicht gleich in eine falsche Richtung zu gehen.

Fajngold kommt aus Treblinka, wo seine Familie vergast wurde. Nur er überlebte, weil er der Desinfektor des Lagers war. Als Wiedergutmachung erhält er die Kolonialwarenhandlung Matzeraths. Seine Ankunft im zerstörten Labesweg ist sehr stark, was die Russen und Andrea Ferréol auch an ausgelassener, »fröhlicher Besatzung« abziehen, man schaut nur auf ihn. Er spricht mit den Toten, die ihm unsichtbar folgen.

Igor hatte die Idee, Fajngolds Kinder und Frau durch Schatten, die ihm an die Hauswand projiziert folgen, sichtbar zu machen. Das erspart spätere Tricks, falls seine Pantomime unverständlich bleibt, und gefällt mir, weil es an Schlehmiel erinnert, an einen umgekehrten Schlehmiel, der, statt seinen Schatten verloren zu haben, von vielen Schatten verfolgt wird.

Jetzt genügt hoffentlich ein Zitat, so gewinnen wir auch Zeit (in der Ezählung) für andere, wichtigere Szenen.

Vor mir liegen die zehn wichtigsten Drehtage: Tauf- und Geburtstagsessen in der Wohnung Matzerath, der Sturz in den Keller und des zweiten Vaters Tod. Der Schauspieler und Szenen bin ich sicher. Ich will keine Bilder, eigentlich nur das Leben, möglichst ohne die Kamera zu bemerken.

18. Oktober
Studio – Wohnung Matzerath. Kurtchens Taufessen.

20. Oktober
Studio – Keller Matzerath. Die Russen kommen. Matzerath verschluckt Parteiabzeichen und Blei.

Zum ersten Mal seit Jahren im Atelier. Ich genieße die ruhige, konzentrierte Atmosphäre. Auch Igor ist nach dem ersten Tag ganz entspannt, zumal wir wegen Davids Krankheit nur einige wenige Einstellungen drehen können.

Die ganze Wohnung Matzerath wirkt sehr groß, weil wir durch die Originaldekorationen, besonders den Laden, an Enge gewöhnt sind. Im Modell sah alles viel kleiner aus. Mangelnde Erfahrung hat es mich falsch einschätzen lassen. Wir wollen jetzt versuchen, durch längere Brennweiten und Verschieben der Möbel für jede Einstellung die kleinbürgerliche Enge wieder herzustellen. Der Vorteil der großen Räume ist, daß wir Platz für Kamera und Technik haben, ohne die Sprungwände herauszuhauen.

Kathie hat sich wieder bei uns eingewöhnt. Im Labesweg, wo alle

Schauspieler immer dabeisein mußten, aber meist nur als Komparsen im Hintergrund vor ihren Geschäften standen, haben die meisten den Spaß verloren. Ich muß mich jetzt wieder mit jedem einzelnen befassen. Zunächst einen Abend lang mit Kathie geredet, um herauszukriegen, was sie überhaupt antreibt. Kathie will um jeden Preis spielen und sagt von sich, daß sie nie genug kriegen kann. Das entspricht Suzannes Eindruck. Sie sagt, Kathie hätte den sinnlichsten Mund und wirke dabei ganz frustriert. Dasselbe gilt von den Augen. Was ist ihr Motor? Erfolgswille, Ehrgeiz? Nein. Sie sucht beim Spielen das Leben, besser die Befriedigung, die das Leben nie ganz geben kann.

Mit Peter Schneider und später mit Mario habe ich mich heute gefragt, worin Regietätigkeit in meinem Falle eigentlich besteht. Zuhören, zuschauen, Vertrauen ausstrahlen, Kontinuität wahren, Vorschläge anhören und einarbeiten, zusammenhalten, was sich einmal durch lange Auswahl und Vorarbeit zusammengefügt hat: Darsteller, Szenen, Schauplätze. Wenig Kreatives, eigentlich nur Ordnendes und Wahrendes. Keine charismatische Persönlichkeit – doch was würde eine solche aus der »Blechtrommel« machen?

23. Oktober

Studio – Wohnzimmer Matzerath. Oskars dritter Geburtstag: er betrachtet zum ersten Mal die Welt der Erwachsenen.

Friedrich Meyer hat mit Angela und David ein Playback der Operettenschnulze »Wer uns getraut . . .« aufgenommen.

Wer uns getraut? Ei sprich: Sag Du's!
Der Dompfaff, der hat uns getraut,
Der Dompfaff, der uns getraut!
Im Dom, der uns zu Häupten blaut.
O seht doch wie herrlich, voll Glanz und Majestät!
Mit Sternengold, mit Sternengold, so weit ihr schaut, besät.

Und mild sang die Nachtigall ihr Liedchen in die Nacht:
Die Liebe, die Liebe ist eine Himmelsmacht!
Ja mild sang die Nachtigall ihr Liedchen in die Nacht:
Die Liebe, die Liebe ist eine Himmelsmacht! –

Die Szene war mehrfach geprobt und lief schön mit den Überlagerungen der Dialoge und Lieder, nur wußten wir nicht, wie und von wo aufnehmen. Igor meinte, daß wir uns gestern fest auf Oskars Blick von einer Position geeinigt hätten. Ich dagegen war mir nicht sicher, ob diese subjektive Schilderung genügte, ob nicht auch gleich noch Raum und Situation deutlicher werden müßten. Igor hatte recht.

24. Oktober
Studio – Wohnzimmer Matzerath. Oskar beschließt, das Wachstum einzustellen.

25. Oktober
Studio – Keller Matzerath. Oskar springt die Kellertreppe runter. Es geht besser. Zwar drehen wir nicht schneller, aber die Stimmung ist gut. Eberhard bremst mich schon, weil ich zu viel lobe. Aber die Geburtstagssequenz ist wirklich sehr schön geworden. Ganz einfach in der Auflösung: Oskar erscheint hinter dem Sofa und schaut – obwohl sonst so klein – von oben auf die Erwachsenen, die in einer fahlen Nachmittagsdämmerung singen, trinken, blödeln und sich kindisch benehmen.

Das ist die Parabel: Oskar benimmt sich auch egoistisch, opportunistisch, bequem usw., aber er hat ein Recht dazu: er ist Kind. Die Kleinbürger dagegen benehmen sich auch als Erwachsene noch wie Kinder – verantwortungslos und selbstsüchtig, eben kindisch. Oskar ist also *die* Verkörperung des Kleinbürgers, nur daß dieser in seiner Person nicht denunziert wird – weil er ja Kind ist.

Seitz war am Wochenende da, um Alarmschuß zu geben. Er rechnet mit Überschreitungen von DM 500 000, die wir nicht haben, E. J. mit 300 000.

Ich habe schnell nachgerechnet: bleiben zu drehen 65 Drehbuchseiten = 25 Drehtage nach unserem Schnitt oder noch 50 Min. von schon 1 Std. 50 gedrehtem Film. Also eine Woche überzogen – was nichts ist, da wir allein 6 Tage Versicherungsschäden hatten. Allerdings sind die Kürzungen und Schnitte (ca. 4–5 Tage) und die vielen Überstunden (allein in Polen für 7000 DM) anzurechnen. Filmmaterial bisher 42 000 m von 45 000 m, die kalkuliert waren. Wir werden also auf ca. 54 000 m kommen. Wir stellen einen neuen Drehplan auf, der bis 23. 11. geht. (Tatsächlich waren wir dann am 21. fertig.)

Oskars Kellersturz subjektiv gefilmt wie in einem Hitchcock-Krimi. Es war Igors Idee, dem alles andere nach billiger Fernseh-Lösung aussah – mit Recht. Oskar fällt auf uns zu, die Kamera auf Kran vor ihm, er halb schwebend, halb auf einen Fahrradsattel klammernd.

David machen diese Stunt- und Trickaufnahmen viel mehr Spaß als die Ensembleszenen der letzten Tage und Wochen. Vor allem,

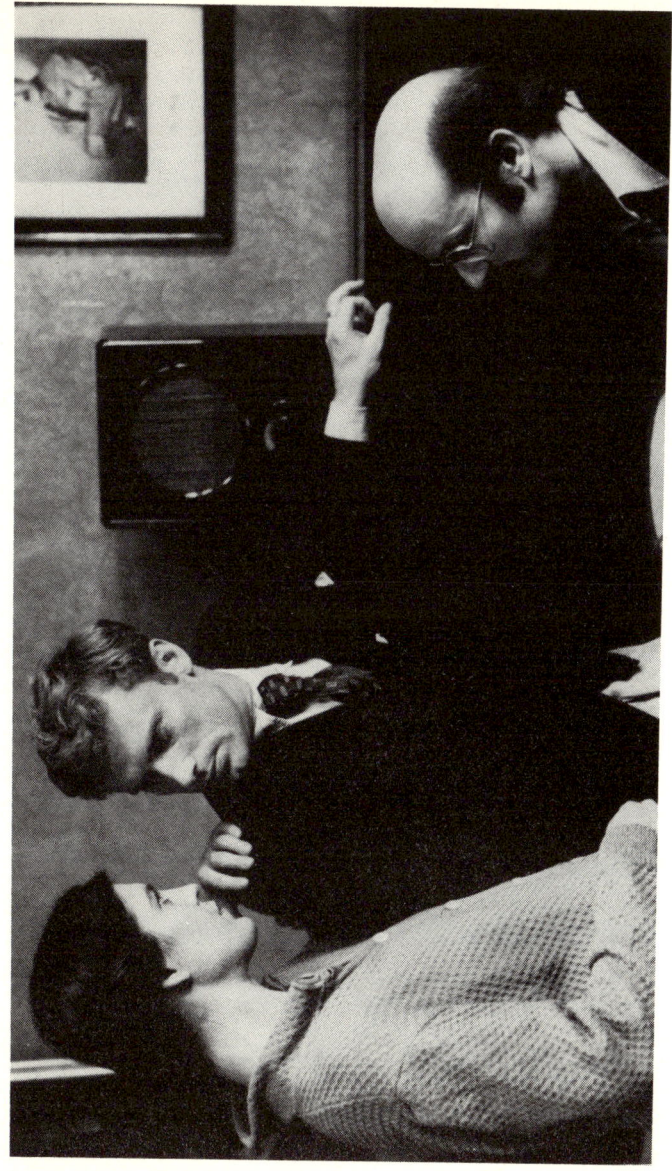

wenn er sich ordentlich mit Blut bekleckern, schreien und leiden darf.

Atelier ist für ihn langweiliger als die Außenaufnahmen. Es artet ja fast zur Arbeit aus. Man kommt an wie in eine Fabrik morgens; keine neuen Schauplätze, Wetter- und Lichtverhältnis wie sonst in den letzten drei Monaten täglich.

Nur ich fühle mich richtig wohl im Atelier, weil es da wirklich ums Inszenieren geht. In den letzten drei Tagen haben wir doch wieder einen Tag verloren. Verdammt, heute, glaube ich, nur fünf Einstellungen gedreht und das mit Überstunden von 8 Uhr morgens bis 8 Uhr abends ohne Unterbrechung!

26. Oktober
Studio – Wohnung Greff, Wohnung Matzerath. Oskar steigt zu Lina Greff ins Bett. Dr. Hollatz untersucht seine Wunden.

27. Oktober
Studio – Wohnung Matzerath. Ein neues Radio! Onkel Jan kommt zu Besuch und wundert sich.

30. Oktober
Studio – Keller Matzerath, Keller Greff. Fajngold entdeckt den toten Matzerath. Der Gemüsehändler hängt sich auf.

31. Oktober
Studio – Klassenzimmer. Oskars erster und letzter Schultag. Die Brille des Frl. Spollenhauer.

1. Novemer
Studio – Salon Petersburg, Wohnzimmer Scheffler. Gretchen liest, Oskar stellt sich Rasputin vor.

2. November
Studio – Praxis Dr. Hollatz, Wohnzimmer Scheffler. Oskar soll untersucht werden und zersingt die Sammlung von Kröten, Embryos etc.

6. November
Studio – Herberts Zimmer, Schlafzimmer Matzerath. Oskar schläft mit Maria in einem Bett. Brausepulver.

7. November
Studio – Schlafzimmer Matzerath. Oskars dritter Trommelstock.

8. November
Studio – Wohnung Matzerath. Agnes mit der Großmutter: Was ißte Fisch, wenn dir nich bekommt.

9. November
Studio – Wohnung Matzerath. Agnes stirbt im Klo unter der Treppe.

10. November
Studio – Wohnzimmer Matzerath. Matzerath betrinkt sich und verbrennt Nazi-Bilder.

13. November
Studio – Wohn- und Schlafzimmer Matzerath. Oskars Geburt.

14. November
Wehrbezirkskommando. Jan wird gemustert. Synagoge brennt, Oskar schaut, Matzerath wärmt sich die Hände über dem Feuer des öffentlichen Unmutes.

Aus Müdigkeit kaum mehr geschrieben. Auch weil die innere Anspannung nachläßt, je näher wir dem Ende kommen, wobei Müdigkeit gleichzeitig von mir und allen anderen Besitz ergreift. Wir drehen wenig, aber immer präziser. Die Vorsicht wird größer und die Muster werden besser. Alle Personen und Situationen des Buches kennen wir jetzt so gut und haben sie so oft und in so vielen Varianten dargestellt, daß wir uns genau überlegen, ob und was wir überhaupt noch filmen. Das Ergebnis sind sehr konzentrierte, dichte Einstellungen.

Fast auf den Tag 40 Jahre danach drehen wir den Brand der Synagoge, das Pogrom vom 9. 11. 38. Letzte Woche waren viele Bilder davon im Fernsehen. Auch Lilienthal dreht für seinen Film »David« ein paar Straßen weiter eine brennende Synagoge. Zufall oder Notwendigkeit, daß der deutsche Film und die Öffentlichkeit das erst so lange danach und dann alle auf einmal reflektieren?

15. November
Studio – Schlafzimmer Matzerath. Fortsetzung Geburt.

17. November
Studio – Resteinstellungen. Großmutter verabschiedet sich: In Westen is besser, in Osten is scheener.

18. November
Studio – Herz-Jesu-Kirche. Agnes beichtet, Oskar will das Jesulein trommeln lassen.

20. November
Friedhof. Begräbnis Matzerath.

21. November
Auf dem Friedhof, am Nachmittag, drehte David seine letzte Einstellung: er wirft die Trommel ins Grab seines zweiten mutmaßlichen Vaters und beschließt zu wachsen. Gleich nach der Einstellung gehe ich zu ihm, umarme ihn und bedanke mich: »Jetzt mußt du ohne Oskar leben, bist wieder allein mit dir.« Er fängt schlagartig an zu weinen. Sein Vater nimmt ihn auf den Arm, er

schluchzt immer lauter, bis es uns alle, das ganze abgebrühte Team, packt. Heute weint Lilo nicht allein.

Ali heitert uns bald wieder auf mit einem erdbraunen Totenschädel, auf den er beim Ausheben von Matzeraths Grab gestoßen ist. David möchte ihn mitnehmen. Wir fotografieren ihn damit und buddeln den Schädel wieder ein. David nimmt statt dessen Oskars Trommel mit nach Hause.

Abgedreht kurz nach acht mit dem Himmelflug der Nonnen: ein einfacher Filmtrick, etwa wie im »Wunder in Mailand«.

Abends gab's für alle Eisbein bei Handke. Über dieses letzte Knöchelchen, das die Produktion ihnen zum Schluß nachwerfe, mokieren sich einige im Team, erscheinen dann aber doch. Wir kommen direkt aus dem Atelier, verschwitzt und erschöpft. Es wird auch keine Feier mehr, nur ein großes Abschlaffen, Umarmungen, Tränen und Vorwürfe, wie immer. Grass kommt zu uns und hält eine kurze Rede, an David und seine Eltern gerichtet. Er solle jetzt nicht dem Oskar nachtrauern und nicht auf eine neue Rolle warten. »So eine Rolle kommt nicht wieder. Es ist besser, du suchst dir eine andere Rolle – im Leben, nicht im Film.«

Warnung vor einer Schauspieler- oder Artisten-Karriere, die ich bisher als einzig mögliche für David sah. Sicher hat Grass recht. Nie wieder würde David den Blechtrommler erreichen. Wie Jackie Coogan müßte er ein Leben lang seinem Kindheitsbild nachtrauern. Wird er da nicht besser Jockey, meint Grass. Er kennt Davids Angst vor Pferden nicht. Der nächste Vorschlag ist Wissenschaftler.

David hört Gott sei Dank nicht zu und kritzelt mit unsicheren, großen Buchstaben seinen Namen in eine illustrierte »Blechtrommel«-Ausgabe. Er, der alles zu wissen scheint, mit dem wir vier Monate wie mit einem Erwachsenen umgegangen sind, ist auf einmal wieder ein Kind, das kaum essen und schreiben kann.

Morgen geht's weiter im Schneideraum. Der Film ist nur gedreht, noch lebt er nicht. Übrigens empfinde ich außer der wehmütigen Erleichterung, nichts mehr zu inszenieren zu haben, nichts besonderes. Kein »Es ist geschafft!«. Schritt für Schritt, Tag für Tag haben wir Oskars Abenteuer erzählt. Es war nie so besonders anstrengend oder überwältigend. Wir hatten so viel Zeit, daß Arbeit und Anstrengung zur Gewohnheit geworden sind. Aber es war auch nie langweilig, so daß es eigentlich weitergehen könnte. Ich brauchte nichts zu erzwingen, wie ich es mir vorgenommen hatte. Wie die verrücktesten Szenen beim Drehen ganz selbstverständlich wurden, sind auch die schwierigsten Aufnahmen irgendwann dann doch wie von selbst entstanden. Ich meine jetzt den »künstlerischen« Teil, denn bei Produktion und Organisation gab's Probleme genug.

9. Dezember

Rohschnitt beendet. Drei Stunden 20 Minuten ist das Monstrum lang, aber wir sehen es uns noch nicht an. Viele Detailverbesserungen sind möglich, ohne einen Gesamteindruck gehabt zu haben. Ich habe wieder Zeit, Zeitung zu lesen.

Die Feuilletonchefs und Leiter der Kulturabteilungen bei Funk und Fernsehen stehen Kopf: gestern war nach zweimaliger Verschiebung Premiere von »Groß und Klein« an der Schaubühne.

Im August, als wir in Zagreb drehten, fingen die Bautrupps des Subventionstheaters in der großen Halle der CCC-Filmstudios zu bauen an. Am 20. September, als wir ankamen, waren sie dabei, Stahl zu schweißen, Holz zu zimmern, Teppiche zu verlegen – in der großen Halle – so daß wir unsere Dekorationen – aus Pappe und Gips – in die verbleibenden kleinen Hallen drängen mußten. Peter Stein kam mal in unsere Dekoration rüber und wunderte sich, daß alles nur aus bemaltem Papier, die Rücksetzer einfache Fotowände waren. Vor zwei Wochen hatten wir abgedreht, seine Premiere war gestern.

Viel Proben, Dokumentieren, Stilisieren und Erarbeiten können wir uns nicht leisten. Das hat auch sein Gutes: meistens muß es so schnell gehen, daß wir das Leben nie ganz ausschließen können. Passiert es doch einmal, sagt das Publikum gleich: Das ist Theater, und meint es nicht als Lob.

Ich weiß, mit wie vielen Kompromissen wir uns überhaupt eine Arbeitsmöglichkeit und einen Film in Deutschland erkaufen mußten, wie wir uns dabei aufgerieben haben und immer kleiner wurden. Wer von uns hat sich je die künstlerische Unbedingtheit leisten können, die am Theater gang und gäbe ist und den Stadtkämmerern wohlige Entsetzensschauer über den Rücken jagt? Wer von uns hat sich überhaupt künstlerisch entwickeln können? Wir sind dem Realitätsprinzip bis zur Prostitution unterworfen, in unserer Persönlichkeit angegriffen und entfremdet wie die Händler. Wir haben die Macht der bürgerlichen Kunst unterschätzt – und sie ist um so größer, als sie sich sogar die progressivsten Elemente einverleiben kann. Es ist der blanke Neid über die Arbeitsbedingungen der Theater, über die Kontinuität der Ensembles vor allem, der mich zum Berserker werden läßt. Egal, wie gut die »Blechtrommel« wird – ich stelle mir vor, was man daraus hätte machen können, wenn ein homogenes Ensemble ein halbes oder ganzes Jahr daran gearbeitet hätte. Fehler, die nach zwei Wochen Arbeit mit einem Schauspieler offensichtlich waren, sind nicht mehr zu korrigieren. Versuche in Farbe und Bild, Proben in Material und Dimension der Dekoration sind ausgeschlossen. Als das Team sich endlich eingearbeitet hatte, wurde es aufgelöst. Beim nächsten Film muß alles wieder neu angefangen werden.

22. Dezember

Aus Paris kommen Anatole Dauman, der Co-Produzent, und Jean-Claude Carrière, um die erste Vorführung des Films anzuschauen. Auch Margarethes Sohn Felix, 13, und sein Freund Christoph kommen gerade noch rechtzeitig aus der Schule.

Dauer der Rohfassung: 3 Stunden. Keine Minute Langeweile, immer emotionsgeladen, aber kaum ein Lacher, im Gegensatz zu meiner Erwartung. Gefragt, wissen Felix und sein Freund nicht, was denn komisch in dem Film sein solle. Sogar die Szenen, bei denen wir in der Mustervorführung und beim Schneiden kaum an uns halten konnten vor Lachen, sind, in die Handlung eingebettet, so beklemmend, daß einem das Lachen im Halse steckenbleibt. Überhaupt tritt der historische Aspekt – Aufstieg und Zusammenbruch des Dritten Reichs im Kleinbürgertum, beim Inszenieren immer nur im Hintergrund behandelt – beim fertigen Film stark in den Vordergrund und relativiert alle Einzelszenen, alle Gags, alle Pointen, alles Anekdotische.

Felix meint weiter: Zu viel Sex. Diesem Urteil werden wahrscheinlich einige Szenen zum Opfer fallen, insbesondere die Rasputin-Szene. Oskar sitzt bei Gretchen Scheffler, der Bäckersfrau, futtert Sahnetorte und läßt sich von ihr aus dem Buch »Rasputin und die Frauen« vorlesen. Der Vorhang zu Gretchen Schefflers Schlafzimmer öffnet sich, eine Petersburger Dekoration erscheint, Rasputin tanzt inmitten der Damen der Gesellschaft, die meisten sind nackt. Diese Bilder sind irgendwie mißlungen. Sie entsprechen nicht einer kindlichen Phantasie, erinnern zu sehr an russische Nachtlokale auf der Reeperbahn.

Dritter Eindruck von Felix: Oskar Matzerath, die Hauptperson, sei ja fast nur ein Statist, immer nur Zuschauer, oft im Hintergrund, aber nie wirklich Handlung auslösend.

Felix hat zum Teil recht. Aus Angst, daß David auf die Dauer in der Rolle ermüden könne, haben wir ihn in der ersten Schnittfassung nur sehr sparsam eingesetzt. Besonders mit Großaufnahmen waren wir zurückhaltend, doch das wird in einem nächsten Arbeitsgang geändert werden. Auffallend ist, wie stark Oskar ein Voyeur ist. Er begibt sich auch immer in die Position des Voyeurs. Wie zufällig ist er im Schrank, wenn auf dem Bett etwas geschieht; wie zufällig steht er auf der Straße, wenn seine Mutter in der Pension Flora verschwindet; wie zufällig sitzt er unter dem Tisch, wenn der Fuß seines mutmaßlichen polnischen Vaters zwischen die Schenkel seiner Mutter wandert.

Die Längen liegen hauptsächlich in der ersten Stunde bis zur Sequenz Maiwiese. Es ist aber nicht der Prolog, also Oskars Vorgeschichte, die lang wirkt, sondern die im Detail berichtete Kindheit. Der erste Schultag, der Besuch beim Arzt, die Szenen im Hinterhof und auf der Straße im Labesweg, die im Drehbuch besonders stark und komisch wirken, bremsen den Film, wirken aufgesetzt und übertrieben.

Es wird schwer sein, eine Dreiviertelstunde zu kürzen, zumal wir eine Reihe schon herausgenommener Szenen unbedingt wieder in den Schnitt einarbeiten wollen: zum Beispiel Oskars Monolog mit seinem Sohn Kurtchen beim Taufessen und der erste Auftritt Roswithas als Somnambule im Fronttheater.

Jean-Claude Carrière erinnert der Film stark an deutsche Filme der dreißiger Jahre und auch an den deutschen Stummfilm: in stark stilisierten Dekorationen sehr realistische Darstellungen, übertrieben, oft bis zur Geschmacklosigkeit; darin für ihn, den Franzosen, sehr deutsch.

Mir ist der Film entrückt. Ich habe bei dieser Vorführung keinen Überblick gehabt. Enttäuscht bin ich, daß der Film so ernst wird, wieder einmal, und daß es nicht doch eine Burleske geworden ist.

16. Januar 1979

Wir haben den Film durch und durch überarbeitet. Oskar ist nun präsenter als die Hauptperson, die alles erzählt. Die wenigen von David gesprochenen Kommentare machen diese Erzählerposition noch deutlicher. Die Tatsache, daß die oft sehr schwierigen literarischen Texte von Grass von einer Kinderstimme mehr deklamiert als gesprochen sind, zwingt zum Zuhören. Suzanne, die den Roman immer noch nicht gelesen hat und damit bis nach Ende der Arbeit warten will, hat im ersten Teil viele Veränderungen vorgenommen. Einige Szenen sind ganz gestrichen, andere umgestellt, nur auf eine emotionale Entwicklung der Geschichte achtend, ohne sich um die Einteilung in die Kapiteln des Romans zu kümmern. Sie schafft so einen autonomen Erzählfluß; die Assoziationen und

Übergänge kommen mehr aus den Farben in den Einstellungen, aus einer Bewegung und aus einem Blick.

25. Januar

In Berlin zu Sprachproben. Wir müssen für die ausländischen Darsteller, für die Franzosen und Polen, deutsche Stimmen finden und auch für einige der deutschen Schauspieler Stimmen mit westpreußischem Akzent. Es ist wichtig, daß der Dialekt in der fertigen Tonfassung stärker herauskommt, als es die Schauspieler beim Drehen bringen konnten. Herr Kunzendorf hilft mir dabei. Es ist nicht einfach, in Berlin noch Danziger aufzutreiben, die obendrein schauspielerisch begabt sind.

Abends Besuch bei Grass, der mir seine Radierung von David zeigt. Alles Verschrobene und Unsymmetrische von Oskar und auch David selbst ist in der Zeichnung festgehalten. Es ist eine Art Doppelportrait, halb Oskar Matzerath, halb David Bennent.

Fritz Hakl, der Liliputaner aus Wien, Mariella Oliveri, die kleine Roswitha mit ihrem Verlobten aus Rom, die Clowns und Dummen Auguste aus München, Mario Adorf und Angela, alle sind wieder da – es ist ein richtiges Familienfest. Leider hat David Schnupfen, seine Stimme ist verrotzt, die Nase zu. Außer mit ein paar Schreien kann er sich an der Synchronisation nicht beteiligen. Gott sei Dank spricht Oskar Matzerath ja so wenig wie sonst Gary Cooper in einem Western.

Emil Fest, der Clown vom Zirkus Knie, erzählt uns einen Traum, den er in der ersten Nacht hatte. Ein wildgewordener Elefant in der Arena zerfetzt alles, schleudert mit seinem Rüssel Stühle und Bänke herum, die Menschen retten sich schreiend aus dem Zelt. »Du, das gibts,« sagt Emil, »ein Elefant, der den Samenkoller hat und eine Kuh riecht, der dreht durch, auch in der Arena mitten in der Vorstellung. Du müßtest überhaupt mal einen Film mit mir drehen im Zoo. Wenn ich, der Zwerg, auftauche, drehen die Tiere durch. Gorillas schreien, hauen ans Gitter, wenn sie mich sehen, oder verstecken sich in der hintersten Ecke des Käfigs. Tiere haben Angst vor Zwergen, wir sind ihnen unheimlich.«

Die Arbeit ist anstrengend und unbefriedigend. Was machen wir eigentlich von früh bis spät? Die Antwort ist brutal: wir fügen dem Film nichts mehr zu, wir verändern ihn nicht mehr, wir wiederholen nur, was wir schon einmal und oft besser hatten.

Jeden einzelnen Satz müssen die Schauspieler in einem dunklen Studio, einsam vor einem Mikrophon stehend, noch einmal sprechen. Jedes Wort noch einmal betonen, womöglich mit Gefühl.

Sinnlose, überflüssige Arbeit, wenn der Originalton gut wäre. Routine für viele und Selbstverständlichkeit im deutschen Film.

Ich schwöre mir, in Zukunft wieder, wie bei meinen ersten Filmen, dem Ton ebensoviel Bedeutung bei der Aufnahme zu geben wie dem Bild. Im Chaos der »Blechtrommel« war dieses vielleicht nicht möglich. Doch im Idealfall müssen Bild und Ton eine Einheit sein, die im gleichen Moment entsteht, und in diesem Zustand unverändert erhalten bleiben sollte im fertigen Film, möglichst sogar ohne Mischung, ohne Ausbügeln der Übergänge als autonome Blöcke. Alles andere ist Konfektion. Nie habe ich es so stark gespürt wie bei dieser Synchronisation in Berlin, denn nie lebte der Film so stark von der Spontaneität der Darsteller bei der Aufnahme, insbesondere bei David, den Zwergen und Liliputanern. Oft habe ich den Eindruck, je länger wir an dem Film arbeiten, um so unvollkommener wird er. Ich achte schon nur noch darauf, daß alles möglichst holprig und ungleichmäßig wird, übergangslos, voller Überraschungen und nicht motivierter Akzente, um auf diese Art und Weise Leben zu retten.

12. Februar

Ich mußte die Synchronarbeit heute unterbrechen, Herr Kunzendorf macht allein weiter, weil ich einen Gerichtstermin in München habe. Immer noch die alte Sache mit dem Springer-Verlag aus der Sympathiesanten-Kampagne. In den Fluren des Gerichtes treffe ich Werner Herzog. Er ist hier wegen seines Streits mit der Murnau-Stiftung wegen »Nosferatu«. Es ist noch unklar, ob und wann sein Film in Deutschland starten kann. Das ZDF sitzt auf seiner Bürgschaft; solange das Gericht nicht entschieden hat, kommt er nicht an das Geld, das er längst ausgegeben hat. Es ist doch eigenartig, daß unsere Fernsehpartner zwar am Gewinn partizipieren, sich jedoch gegen das eigentliche Produzentenrisiko mit Bankbürgschaften dieser Art absichern.

Im Prozeß kommt es zu einem Vergleich. Die Springer-Presse darf auch weiterhin nicht behaupten, ich hätte »Kontakte zur Baader-Meinhof-Bande oder den Roten Brigaden unterhalten«. Es sei denn, neue Tatsachen würden bekannt. Andererseits darf der CSU-Abgeordnete Müller mich weiterhin »den hauptverantwortlichen Informationsstrategen der RAF« nennen. Na bitte.

Auffallend, wie still es um den Prozeß gegen Klaus Croissant geworden ist. Dieser Tage ist das Urteil gefallen, $2^1/_2$ Jahre wegen Aufbau eines sog. Informationsdienstes zwischen den Inhaftierten. 21 Monate Untersuchungshaft sind anzurechnen; erhält er die üblichen zwei Drittel, müßte er bald frei sein. Das ist also alles, was von den ungeheuerlichen Vorwürfen, die in der Presse gegen ihn erhoben wurden, übrig geblieben ist.

Nachmittags gerade noch rechtzeitig zurück nach Berlin, um Edgar Froese von der Gruppe Tangerine Dream zu treffen. Die Musik des Films ist die letzte Entscheidung, die bis zur Mischung in fünf Wochen zu treffen ist.

Friedrich Meyer hat alle sog. Realmusiken schon mit uns aufgenommen, also jede Trompete, die im Bild geblasen wird, jeden Trommelschlag Oskars, jede Zirkusnummer, jedes SA-Orchester und jede Soldatenkapelle, die irgendwo im Vorder- oder Hintergrund bläst. Doch nun geht es um die Filmmusik. Schreckliches Wort, und doch ist die Musik oft das Schönste und Typischste am Kino, wie ich es liebe. Es gehört einfach zum Jahrmarktmäßigen. Doch keiner meiner vielen Musikerfreunde scheint der richtige Komponist für die »Blechtrommel«, weder Hans Werner Henze noch Klaus Doldinger, weder Stanley Myers noch Friedrich Meyer.

Deshalb besuche ich Tangerine Dream in Berlin. In einem kleinen Laden in Schöneberg, es könnte Matzeraths Kolonialwarenhandlung gewesen sein, hat Edgar Froese ein komplettes Musikstudio eingerichtet. Draußen liegt ein Meter Schnee, kein Auto fährt mehr in Berlin, es ist wunderbar still, drin hören wir Tangerine Dream-Musik. Keine Melodien, keine Harmonien, keine sich aufbauenden und verwebenden Themen, sondern elektronische Klangbilder, Volumen, Farben, aus deren Folge und Verbindung starke Stimmungen und Bewußtseinszustände entstehen – allerdings immer ein bißchen Weltraumklang. Doch gerade das könnte neben all der zeitgenössischen Schlagermusik aus dem Volksempfänger, neben Zirkus- und SA-Kapellen ein unerwarteter und starker Reiz sein. Dieser elektronische Sound würde den Film von letzten naturalistischen Schlacken befreien. Gleich im Prolog, bei der Szene auf dem Kartoffelacker zum Beispiel, klingt diese Musik wie Töne der Urmutter Erde. Die Kaschubei wird zur Urzeitlandschaft »Ich beginne weit vor mir«, sagt Oskar. Es sind seine pränatalen Vorstellungen. Der Embryo erinnert sich während der neunmonatigen Inkubation seiner Großeltern und Eltern. Das Unwirkliche seiner bewußt miterlebten Geburt steigert diese Musik ins Traumhafte. Bis hierher geht alles gut, doch leider nicht weiter, denn der einmal geborene Oskar ist nicht nur ein Visionär, sein Leben nicht nur ein Traum, er ist ein Realist. Seine Erzählung ist fest in der Wirklichkeit verankert. Örtlich Danzig, zeitlich 1924 bis 1945. Die elektronische Musik hebt das Bild zu sehr ins traumhafte Niemandsland. Die Entwicklung des Faschismus im Kleinbürgertum dieser Zeit wird plötzlich ins Unverbindliche abgeschoben. Edgar Froese hat Verständnis, ich stapfe durch das eingeschneite Berlin zurück zum Hotel und frage mich, wozu überhaupt Musik. Kann »Die Blechtrommel« nicht mit dem, was wir an Tonatmosphären und an Realmusiken haben, auskommen? Nein, zu groß ist die emotionale Kraft der Geschichte, als daß man hier mit Hilfe der Musik den Zuschauer nicht zum Miterleben bewegen sollte.

Nur ein polnischer Jude, der möglichst noch in Amerika lebt, denke ich auf dem Heimweg – und das ist nicht als rassische, sondern als geistige Definition gemeint – könnte den Kitsch und die Aggressivität bringen, ohne banal zu werden, die »Die Blechtrommel« braucht.

Suzanne hat früher viel in Paris am Musée de l'Homme gearbeitet, zusammen mit einem Musiker, der damals bei Jean-Louis Barrault und Jean Villard die Bühnenmusik machte. Inzwischen lebt er in Hollywood, hat ein paar Oscars und gilt als Kitschier: Maurice Jarre, Komponist von »Lawrence of Arabia«, »Dr. Schiwago«, »Ryan's Daughter« und vielen Hollywood-Filmen dieser Art – aber auch vor 15 Jahren Komponist der Filme von Franju und der ersten Kurzfilme von Alain Resnais.

Wir rufen ihn in Los Angeles an. Natürlich kennt er die »Tin Drum«, und die Idee, nach Europa zurückzukommen, um an etwas wieder anzuknüpfen, was er seit Jahrzehnten nicht mehr gemacht hat, reizt ihn.

Ich überspiele die Arbeitskopie des Films auf eine Videokassette und schicke sie per Luftfracht nach Kalifornien. Die Sendung kommt nicht an. Wir schicken eine zweite Kopie. Wieder banges Warten. Schließlich ruft Maurice Jarre eines Nachts an. »So einen Film sieht man nicht alle Tage«. Er will herkommen, um die Musik zu machen.

21. Februar

Der Schnitt ist seit einem guten Monat beendet – richtiger: die Montage. Denn wir haben nicht so sehr am Film geschnitten im Sinne von Kürzungen, als die Aufeinanderfolge der Einstellungen und Sequenzen immer wieder verändert und bearbeitet. Viele auch ganz geringfügige Umstellungen und Ellipsen bestimmen letztlich den Ton der Erzählung. Diese wie selbstverständlich wirkenden Übergänge oder Kontraste zu finden, ist Suzannes Stärke.

Wir sind jeden Morgen um acht im Schneideraum, auch samstags und sonntags, manchmal sogar schon früh um sieben: die zeitraubende und mühsame Tonarbeit. Jeder Schritt muß nachgemacht und zum Bild angelegt werden, jedes Besteckklappern, jedes Türeschließen – nicht zu sprechen vom zerberstenden Glas, wenn Oskar schreit. Dazu kommen all die Atmosphären der Straßen und Vororte aus den dreißiger Jahren. Schwer herzustellen beim heutigen Autolärm. In stillen Fabrikhöfen lassen wir alte Autos kreisen, Fahrräder klingeln, Kreissägen kreischen, Hunde bellen, Katzen miauen usw.: all diese naturalistischen Farben, die ab und zu ins Bild hineinwehen müssen.

24. Februar

Es ließ sich nicht mehr länger aufschieben. Heute mußten wir den Film Günter Grass zeigen. »Das sollen zweieinhalb Stunden gewesen sein?« fragt er als erstes, nachdem das Licht wieder angeht. »Eine geballte Ladung ... Ich habe das Buch vergessen und einen Film gesehen. Ich würde es ein realistisches Märchen nennen.«
Den Himmelflug der Nonnen am Atlantikwall könnte er entbehren, ebenso den Tod des Gemüsehändlers Greff. Grass meint, es sind zu viele Tote gegen Ende des Films, und das schwächt Alfred Matzeraths Tod, indem es ihn vorwegnimmt.
Jetzt, wo die Arbeit hinter uns liegt, können wir offener miteinander sprechen. Zu spät habe ich bemerkt, daß Günter Grass' Zurückhaltung in Danzig nicht auf Vorbehalten beruhte, sondern auf einer Schüchternheit, die man ihm nicht zutraut. Es war ihm einfach alles zu fremd, die vielen Schauspieler und Techniker, dazu die dauernde Anwesenheit der Presse. Öffentlichkeit ist er zwar gewohnt als Wahlkämpfer, aber nicht bei der Arbeit. Deshalb wollte er sich nicht einmischen, auch nicht durch irgendeine Wertung oder Anerkennung dessen, was er in der Mustervorführung zu sehen bekam. Wir haben diese Haltung damals mißverstanden. Er hält die Menschen auf Distanz, schafft Distanz zwischen sich und ihnen wie Oskar Matzerath, auch darin sein Portrait.

25. Februar

Sonntag, Lausanne. Ich bin zu Bennents gefahren, um mit David den Kommentar aufzunehmen. Sein Schnupfen ist ausgeheilt. Ich schlafe mit ihm im Kinderzimmer. Wir quatschen bis spät in die Nacht. Im kleinen Studio eines Schweizer Filmkollektivs fangen wir am nächsten Morgen um neun mit den Aufnahmen an. Dreizehn Seiten Schreibmaschine Kommentar. Lauter nicht ganz einfache Texte, die Heinz Bennent seinem Sohn in mühsamer Kleinarbeit so eingebleut hat, daß David sie auswendig kann. Eine solche Disziplin dürfte es sonst nur bei Artistenkindern im Zirkus geben. Doch David hat nicht nur auswendig gelernt, er interpretiert diese dreizehn Seiten wie einen langen Bühnenmonolog. Vor dem Mikrophon fuchtelt er mit den Armen, erregt sich, schreit, flüstert, weint und lacht, als ob er all die Szenen, die er kommentiert, noch einmal durchlebe. Das hat er drei Monate lang geprobt.

Doch wieder, wie in Berlin, macht seine Stimme nicht ganz mit. Nach zwei Stunden ist er heiser. Die Artikulation läßt nach. Vor Wut fängt er an zu heulen. Wir unterbrechen, machen einen Spaziergang mit ihm, nehmen wieder auf. Zermürbende Kleinarbeit, Satz für Satz, bis wir endlich fertig sind und David ein zweites Mal den Eindruck hat, den Film nun endgültig geschafft zu haben. Er triumphiert zu Recht.

26. Februar

London. Ich treffe Maurice Jarre, der hier für einen anderen Film Musikaufnahmen macht. In seinem Hotelzimmer steht ein Videorecorder. Wir schauen uns »Die Blechtrommel« wieder und wieder vorwärts und rückwärts an, beginnen über die Musik zu sprechen. Sie soll das Traumhafte unterstreichen, den ganzen Film in Oskars Kopf als seine Vision situieren. Er erinnert sich seiner Kindheit, er erinnert sich der Nazizeit wie eines Alptraums, ebenso des Kleinbürgertums. Wirklichkeit und Vorstellung, seine Wünsche und Ängste mischen sich in seiner Erinnerung.

Die Musik kann viel dazu beitragen, diesen plötzlichen Wechsel zwischen Fiktion und Phantasie herzustellen, beim Zuschauer das Wirkliche unwirklich und umgekehrt erscheinen zu lassen. Die Instrumentation muß wie der Film und wie Oskars Vorstellungswelt einfach, kindhaft und grob sein. Kein Vibrato, viele Instrumente aus der Volksmusik, ruhig auch exotische Schlaginstrumente. Ein ungewohntes Klangbild.

Stimmen der Mitarbeiter

EBERHARD JUNKERSDORF, HERSTELLUNGSLEITER

Der Titel sagt eigentlich schon, was die Aufgabe eines Herstellungsleiters innerhalb einer Filmproduktion ist. Die Arbeit beginnt mit dem Lesen des Drehbuchs, geht dann weiter über die Erstellung eines Drehplanes, Errechnen der Herstellungskosten, Mithilfe bei der Finanzierung, Gespräche und Verhandlungen mit Coproduzenten, Fernsehanstalten, Verleihern, Antragstellungen an Filmförderungsanstalt, Abschlüsse von Verträgen mit Mitarbeitern und Darstellern, Vorbereitung von geplanten In- und Auslandsaufnahmen, Verhandlungen und Abschlüsse von entsprechenden Dienst- und Sachleisterverträgen etc. Bis zum eigentlichen Drehbeginn hin sehr viel Bürokratie – Technokratenarbeit.

Die abwechslungsreichere Arbeit fängt dann eigentlich erst mit dem ersten Drehtag an. Obwohl man während der Vorbereitungszeit soweit wie nur möglich versucht, alle Probleme vorzubedenken, kommt es dann doch ab erstem Drehtag immer wieder zu einer explosionsartigen Anhäufung von Imponderabilien.

Wenn ich mit einem Satz ausdrücken will, was mich am Filmemachen interessiert, versuche ich das mit dem Werden eines Kindes zu vergleichen. 1. Phase: Vorbereitung des Films = Zeugung (meistens mit Freude verbunden). 2. Phase: Austragen des Kindes = Drehzeit (schon viel schwieriger). 3. Phase: Geburt des Kindes = Fertigstellung des Films (meist schmerzhaft). 4. Phase: Das Kind soll anderen gefallen und laufen lernen = Kinostart (die Überraschungsreichste), denn man glaubt, wie jede Mutter, das eigene Kind sei das schönste.

Nach fast einjähriger Vorbereitungszeit und mehrmaligen Anläufen wurde schließlich der 31. Juli endgültig als erster Drehtag festgesetzt, um vor Winteranfang fertig zu werden. Insgesamt 90 Drehtage – eine Mammutzeit. Mit einigen Jugoslawienerfahrungen ausgestattet, mit wenigen serbokroatischen Sprachkenntnissen versehen (dabei wissend, daß Volker Schlöndorff immer noch nicht das Trauma seiner »Michael Kohlhaas«-Verfilmung überwunden hat, bei der er es, wie auch diesmal, ständig mit Mitarbeitern und Darstellern zu tun hatte, mit denen eine Verständigung oft nur in deren Muttersprache möglich war), reiste ich zum ersten Drehtag nach Zagreb. Häufige Erklärungen von Volker, in diesem Film *nur* der »smiling director« zu sein, mochte ich durch viele andere Erfahrungen bei gemeinsamen anderen Arbeiten seit fast zehn Jahren nicht so recht glauben. Einige Anrufe von Mitarbeitern, die bereits länger in Zagreb waren, sowie von Volker ließen schon ahnen, was da auf mich zukommen würde.

Der erste Drehtag ist gleich ein Tag, bei dem viel Komparserie im Einsatz ist. Große Hitze erschwert die Arbeit. Einige Leute fallen ohnmächtig um. Volkers Befürchtungen stellen sich bald als nicht unrichtig heraus – meine Ahnungen auch. Der »smiling director« wird manchmal schon bei kleinen Anlässen zum »crying director«. Als größte Schwierigkeit stellt sich bald die Zusammenarbeit, besser gesagt: die nicht vorhandene Bereitschaft zur Zusammenarbeit zwischen dem französischen und den jugoslawischen Pyrotechnikern heraus. Es sieht ganz danach aus, als würden sie nur darüber nachdenken, wie sie sich untereinander ausstechen und gegenseitig am besten umbringen könnten, anstatt gemeinsam über Lösungen für ihre schwierige Arbeit während der nächsten drei Wochen nachzudenken. Viele Gespräche, Diskussionen und Auseinandersetzungen, bei denen mir alle drei ihr Versprechen zu einer Zusammenarbeit geben, sind am nächsten Tag schon wieder vergessen.

Eintrag in meinem Tagebuch vom 5. 8.: »Für den Abend soll u. a. der Schuß aus einer großen Kanone demonstriert werden. Der jugoslawische Pyrotechniker zündet den Abschuß nach unausreichender Vorwarnung. Die Explosion ist dermaßen groß, daß mir fast die Trommelfelle platzen und andere von der Druckwelle beinahe umgeworfen werden. Alterssturheit, wenig Intelligenz, einsetzende Verkalkung, unnötige Rivalität, falscher Stolz und das Bedürfnis, der Chef zu sein, sind ideale Voraussetzungen für einen mit Explosivstoffen umgehenden Pyrotechniker!«

IGOR LUTHER, KAMERAMANN

Ich habe Volker Schlöndorff zum ersten Mal 1967 in Bratislava getroffen. Er ist in die Tschechoslowakei gekommen, um den Film »Michael Kohlhaas« vorzubereiten. Damals verstand ich seine Sprache nicht, und mein Dolmetscher konnte mir auch nicht helfen. Ich sollte als zweiter Kameramann mitarbeiten, was mich nicht begeisterte.

In jenem Jahr erschien in einem tschechoslowakischen Verlag die Übersetzung der »Blechtrommel«, die wir zehn Jahre danach verfilmen sollten. Das Buch von Günter Grass wurde für uns junge Filmemacher eine Entdeckung der Sprache, die wir für den Film gesucht hatten. Wer von uns hätte sich das nur träumen können, »Die Blechtrommel« einmal mit realisieren zu dürfen?

Durch Umwege nach meiner Emigration habe ich Volker wiedergetroffen. Wir haben zusammen den Film »Der Fangschuß« gemacht, sind uns dabei nähergekommen und haben uns kennengelernt.

Dann war es soweit. Zehn Jahre nach dem ersten mißglückten Versuch in meiner Heimat hat in Zagreb der Marathon begonnen. Die Frage, ob wir gut laufen werden, wurde nach den ersten zwei Tagen überflüssig – der Mechanismus der Kamera war fehlerhaft, und wir mußten die riesige Komparserie-Szene wiederholen. Ein Schock. Die größeren Probleme waren noch vor uns.

Bald waren wir in der Blechtrommel, später auf der Trommelfläche. Wir standen auf dem Sand der Westerplatte mit unserem gemeinsamen Freund David Bennent, der uns mit seiner Überzeugung geholfen hat: Er sei der Oskar Matzerath, über dem toten Pferdekopf trommelnd, aus dem die lebendigen Aale herauskommen sollten. Sie wollten aber nicht und mußten doch spielen, wie der Regisseur es verlangte.

Der verlassene Strand mit den tiefhängenden, schwarzen Wolken und ein paar ausgetrockneten Birken in der Nähe von Danzig werden zu meinen Lieblingsmotiven gehören.

ALEXANDER E. VON RICHTHOFEN, REGIEASSISTENT

Als Regieassistent ist Volkers Frage nach dem Warum gerade dieses Berufes kaum lapidar zu beantworten.

Die innere Ordnung und die notwendige Sachlichkeit dieser Organisations- und Kontrollfunktion brauchen geradezu eine irrationale Motivation – besonders in einem Beruf und in einer Funktion, die ich nie anders begriffen habe als Weg zum Regisseur und die ohne Phantasie und eigene Konzeption gar nicht ausgefüllt werden kann. Und so ist die Motivation, besonders in ihrem irrationalen Teil, sehr komplex und ganz im Inneren kaum ausformuliert, sonst wäre diese Übergangsphase nicht lange zu ertragen.

Es ist die Lust an täglich neuen, schwer vorausberechenbaren Situationen und deren Bewältigung, am Erreichen und dann Überwinden der Perfektion, an immer wieder zwar durch Erfahrung unterbauten, aber doch spontan so noch nie getroffenen Entschlüssen, Entscheidungen, es ist die im Ansatz jedenfalls grenzenlose Möglichkeit der tatsächlichen Realisation von Phantasie, von Vorstellungen, von Gefühlen, von Regungen, das Erlebnis, wenn die Schauspieler sich über diese Vorstellung und das Mögliche plötzlich in einem Moment erheben und Faszination entsteht, eine neue, erhoffte, oft so kaum gedachte Realität.

Das alles klingt jetzt schöner, als es sehr oft ist, aber es bleibt die Wirklichkeit.

Der Assistent erfreut sich an guten Einfällen, eigenen guten Einfällen nur sehr bedingt, weil, je nach Charakter der Regisseure verschieden, immer nur einer von zehn oder zwanzig Wirklichkeit wird. Und doch ist jeder, der sich dadurch oder überhaupt als Assistent funktionalisieren läßt, ein toter Regieassistent. Ich akzeptiere diese schwankende Befriedigungsrate, mit Teamarbeit ist anderes auch nicht vereinbar, und dann hat das eine starke Wechselwirkung. Denn für den Regisseur bergen gute Einfälle, die ja alle nicht in Ruhe gefaßt, verworfen und verwirklicht werden, eine ungeheure Gefahr und Irritationsmöglichkeit. Nichts kann einen schneller vom Weg verführen als die besten Einfälle anderer.

Mit gleicher Energie, mit gleicher Intuition und Initiative könnte man nahezu überall woanders mehr erreichen, für sich und insgesamt. Und trotzdem. Der Reiz der jeden Tag neuen Situation und der dauernd neuen Forderung an sich selbst, der Reiz, daß geschriebene Gedanken und momentane Einfälle sichtbare Wirklichkeit werden, ist außerordentlich. Das, was man dann bei dieser intensiven Arbeit in der Auseinandersetzung und Umarmung mit immer wieder neuen und extremen Charakteren erfährt und in sich entwickelt, ist ein weiterer Faktor. Nach jedem Film ist jeder ganz konkret verändert. Und hier bei diesem habe ich über das so lange wie möglich Nichtakzeptieren der gefundenen Form und das bis zuletzt Infragestellen hinaus etwas Unschätzbares gelernt: den Wert und die dadurch erzeugte Intensität und die Fruchtbarkeit von absichtlich hergestelltem Chaos.

Oft entsteigen die Szenen phönixhaft aus der scheinbaren Asche der Mitarbeiter. Es gibt sicher auch Asche umsonst, aber die Augenblicke, wo etwas Überragendes gelingt, sind es wert.

Und das habe ich tatsächlich für mein Leben übernommen – die schöpferische Kraft des Chaos.

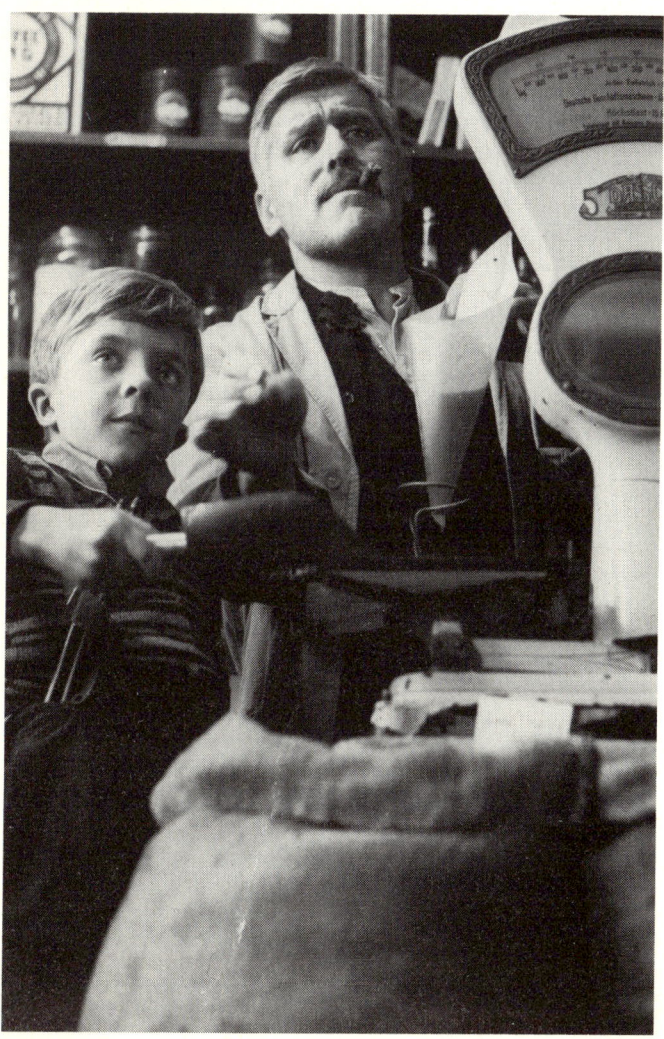

Journalisten am Drehort

ULRICH GREINER
NACH DANZIG, DER BLECHTROMMEL WEGEN

Der Wind bläst den weißen Rauch des Kartoffelfeuers waagrecht über den Acker, den schwarzen Rauch des Schornsteins fern hinterm Bahndamm parallel über einen Horizont, den Bäume wie Staketen umzäunen, und über allem fängt die Landschaft erst an, eine Landschaft aus riesigen, tintenfarbig sich türmenden Wolken, die Regen sprühen. Links eilen Telephonmasten mit singenden Drähten davon. Anna Bronski sitzt eingehüllt in ihre vier Röcke am Feuer und spießt sich eine schwarzgebrannte Kartoffel, die sechste schon an diesem Morgen. Hinterm Bahndamm taucht eine kleine schwarze Gestalt auf, springt über die Gleise, stolpert, stürzt in den Schlamm des Karrenwegs, rennt, während hinten zwei Gendarmen sichtbar werden, auf Anna zu, fällt mit flehender Gebärde in die Knie und kriecht unter die bereitwillig gehobenen Röcke.

»Gut«, ruft Schlöndorff. Die Kamera steht. »Ganz schön«, sagt er, »aber dir laufen ja die Tränen aus den Augen.« Er wendet sich zu den Technikern: »Macht vielleicht ein bißchen weniger Rauch. Das ganze noch mal.« Roland Teubner kommt mit rotem Gesicht unter Tina Engels Röcken hervor.

Eine knappe Stunde südöstlich von Danzig, nicht weit von der Marienburg, dreht Volker Schlöndorff die Eingangsszenen seines »Blechtrommel«-Films. Es ist kühl. Wer sich die Beine vertreten will, bleibt in der aufgeweichten Erde stecken. Weit ist das Land zwischen Weichsel und Nogat. Dreht man sich um, so sieht man vorn im Schlamm die Karawane des Teams, drei Transporter mit Requisiten, Scheinwerfern, Kameras, Garderobe, den blauen Generatorwagen, der leise vor sich hin brummelnd Strom liefert, den roten Löschwagen der Feuerwehr, etliche Personenwagen, die polnische »Milicja«, dahinter eine kümmerliche Bahnstation mit einem Wartesaal ohne Fensterscheiben, wo es zu Mittag Krautrouladen und Bier gibt, und dann nur noch endlos Äcker und Bäume.

»Uwaga!« schreit der polnische Assistent, »Ruhe« der deutsche. Igor Luther liegt am Boden auf Pappkartons und schielt durch die Kamera. Das Ganze noch einmal. Doch der Regen, weil er das

Drehbuch nicht kennt, hört auf. Jetzt müssen die polnischen Regenmacher kommen. Sie schleppen drei haushohe Rohre mit Schläuchen heran. Schlöndorff sagt mit seinem Sprechfunkgerät den Leuten hinten am Schornstein Bescheid, daß sie Rauch nachlegen. Schwarz quillt es über den Horizont, aus den Rohren prasselt der Kino-Regen schräg über die Szene. »Kamera läuft!«

Seit drei Wochen hat das Team sein Quartier in Danzig aufgeschlagen, in jener Stadt also, die im Verlauf ihrer Geschichte häufiger Nationalität und politische Zuschreibung wechseln mußte, als ihr lieb sein konnte. Gdansk, die ehemals slawische, dann pomerellische Stadt, Stadt des Deutschen Ritterordens, Hansestadt, Stadt der polnischen Könige, preußische Stadt, deutsche Stadt, Freie Stadt Danzig, Nazi-Stadt, 1945 zur »Festung« erklärt, verbissen und sinnlos gegen russische Artillerie verteidigt und zu neunzig Prozent in Schutt und Asche gelegt. Im Danziger Vorort Langfuhr, im Labesweg, wo er selber aufwuchs, läßt Grass seinen Oskar zur Welt kommen, läßt in der Perspektive des Dreijährigen die kleinbürgerliche Welt ihren wahrhaft monströsen Charakter offenbaren, so daß Oskar beschließt, sein Wachstum einzustellen und sich hinfort mit der Blechtrommel aus dem Spiel zu halten.

In Gdansk also, wo der Krieg begann, ein deutscher Film. Als das Team am Stockturm, in der wiederaufgebauten historischen »Rechtsstadt« drehte, wo Oskar jenen Schrei erproben sollte, der Glas zerspringen läßt, und als die von einem Spezialisten präparierten Fensterscheiben nur mühsam splitterten, meinte ein Passant in der Zuschauermenge, das habe die SA besser gekonnt. Er gehörte wohl zu den wenigen, die damals dabei waren.

Einen Studenten, den wir im Hotel kennengelernt haben, fragen wir, wer Danzig zerstört habe. »Ich bin Jahrgang 52. Ich weiß es nicht.« – Das kann man doch nachlesen!« – »Ja, wo?« entgegnet er lachend.

Danzig und seine Umgebung, das Panorama der Stadt, Marienkirche und Krantor, die Niederungen der Weichsel, die Wälder und Seen der Kaschubei bilden ab, was wir doppelt verloren haben. Nicht nur durch den Krieg, auch durch die fortschrittsbesessene Zerstörung von Natur und Geschichte. Wo deutsche Städte vergangenheitsblind Stahl und Beton an die Stelle der Trümmer setzten, zeigt die Danziger Altstadt, was Aneignung von Geschichte heißen kann, wo deutsche Landschaften mit Asphaltbändern gemustert sind, wirkt das Land in Polen wie eine Erinnerung. Pferdefuhrwerke sind in manchen Gegenden häufiger als Autos, Gänseherden kreuzen selbstbewußt die Straße. Unterentwickeltheit und relative Armut sind die eine Seite der Medaille. Die andere Seite, eine unberührt wirkende grüne Welt, bietet die Filmkulisse für eine Vergegenwärtigung einer Zeit, die einmal die unsere war. Etwa hundert Kilometer südwestlich von Danzig, nicht weit von Chojnice, dem früheren Konitz, gibt es einen See, auf dem noch geflößt wird. Mit Pferden ziehen die Flößer die Kiefernstämme aus dem Wasser. Auf einem Asphaltweg, der mit Schlaglöchern übersät ist, holpern die Wagen des Filmteams zum Drehort. Es ist der 40. Tag, gedreht wird das dritte Bild, die Flucht Koljaiczeks, des brandstifterischen Großvaters von Oskar, über die Flöße und sein Sprung ins Wasser, von dem er nicht zurückkehrt. Die Dispositionsliste ist heute ausführlich: »Komparsen: 1 Baby, 1 Junge, 6 Flößer, 4 Gendarmen, davon 1 mit Pferd, 2 Arbeiter mit Werkzeug. Technik: 1 stabiles Ruderboot für Kamera. Requisiten: 1 Pferd, Gänse, Kühe, Schafe. Pyrotechnik: 4 schießbare Gewehre mit Bajonetten und Munition, Explosion im Wasser und im Holz. Kostüme: 3fache Bekleidung für Koljaiczek, Decken, Handtücher, Gummianzug.«

Hoch auf einem Gerüst steht die Kamera. Aus der Vogelperspektive filmt sie die Verfolgungsjagd. Roland Teubner, der um seine Rolle nicht zu beneiden ist, springt mit artistischem Geschick über die schwankenden Hölzer. Vergebens. Der polnische Komparse kommt mit dem Pferd nicht zurecht.

Später dieselbe Szene von der anderen Seite. Auf einem schwankenden Holzsteg duckt sich frierend das Team unter zwei großen Schirmen gegen Sturm und Regen. Endlich Sonne. Jaconelli, der Franzose mit den Spezialeffekten, befestigt Metallklammern an den Flößen, die er von seinem Boot aus aufspringen lassen kann, so daß der Eindruck entsteht, Gewehrkugeln spritzten ins Wasser. Schlöndorff gibt das Handzeichen. Am anderen Ufer fällt Anna den schießenden Verfolgern in die Arme, während Koljaiczek über die Flöße flieht. Kopfüber und breitbeinig springt er ins Wasser. »Gut!« ruft Schlöndorff. Roland Teubner wird triefend an Land gezogen. Er muß sich abtrocknen und umziehen, jede Szene wird mindestens zweimal gedreht.

Das alles kostet Zeit und Geduld. Für fünf Minuten Film braucht man oft zwei Drehtage. Und manchmal geht soviel daneben, daß sogar der schweigsame Igor Luther aus sich herausgeht. Am 41. Tag, als die Begegnung zwischen Oskar und dem verrückten Schugger-Leo gedreht werden soll, zehren die wechselnden Lichtverhältnisse an den Nerven. Zuerst war Sonne, jetzt treiben schwere Wolken über die Ostsee. In den Dünen unweit der Mündung der toten Weichsel ist ein Friedhof täuschend echt aufgebaut. Hier findet Schugger-Leo die leere Patronenhülse, Beweisstück für die Erschießung Jan Bronskis. Er zeigt sie Oskar. Ihn spielt der zwölfjährige, an einer Wachstumshemmung leidende David Bennent, Sohn des Schauspielers Heinz Bennent. Mit seiner weiß-rot lackierten Blechtrommel steht er klein vor dem riesigen Schugger-Leo. Das Gesicht sieht klug und auf eine seltsame Weise alt aus, der Körper ist der eines Fünfjährigen. Selbstsicher bewegt er sich vor der Kamera. Wenn nicht alles täuscht, ist er die ideale Besetzung. Man wartet auf ein Wolkenloch, damit das nunmehr zu drehende Bild nahtlos an das vorige anschließt, auf dem die Sonne schien. Endlich reißt der Himmel auf. »Kamera läuft!« Plötzlich springt Igor Luther hinter der Kamera hervor und brüllt den Tonassistenten an. »Was machst du mit dem Mikrophon!« Der unglückselige Mensch hatte das Stativ ins Bild gehalten. Luther sieht aus, als wollte er ihn umbringen. Über und über errötet stammelt der Assistent Entschuldigungen, das Team steht kopfschüttelnd um ihn herum. Schlöndorff, den offenbar nichts erschüttern kann, gibt Anweisungen für die Aufstellung weiterer Scheinwerfer, da mit Sonne nicht mehr zu rechnen ist.

Während all dem stapft Günter Grass, beide Hände in den Hosentaschen, klein und breit durch die Dünen. Er scheint als einziger nicht zu frieren. Er ist zwar an den Dreharbeiten nicht beteiligt und nur besuchsweise hier, aber es ist sein Film, der hier gedreht wird, fast zwanzig Jahre nach Erscheinen der »Blechtrommel«, die ihn mit einem Schlag berühmt machte. Viele schon wollten das Buch verfilmen, doch erst mit Schlöndorff konnte er sich einigen. Ihm traut er eine eigene »Bildphantasie« zu, die den »filmischen Abklatsch« vermeidet.

Danzig, dessen deutsche Bewohner in ihrer nationalen Identität nie unangefochten waren und sich deshalb deutscher als viele Deutsche gebärdeten, soll in Schlöndorffs Film ein Exempel werden für den Zusammenhang von Kleinbürgertum und Faschismus.

Heute gibt es kaum noch deutschstämmige Leute in Gdansk. Es ist durch und durch polnisch. Manchmal kommen ältere Touristen aus dem Westen und betrachten jene Stadt, die einmal ihre Heimat war und nun aus Gründen, die sie meist sehr gut kennen, nicht mehr ist. Auf dem Rückweg eines Ausflugs zum Frischen Haff, wo wir plötzlich, nichtsahnend fast, am KZ Stutthof vorbeikamen, anhiel-

ten und sahen, was möglich gewesen war in Deutschland, auf dem Rückweg mußten wir an der Weichsel auf die Fähre warten. Zwei kleine Jungen, die das Westkennzeichen sahen, wischten unaufgefordert die Frontscheibe sauber, und als wir ihnen Zloty geben wollten, baten sie um »Deutschmark«.
Frankfurter Allgemeine Zeitung, 21. 10. 1978

MARIE-LUISE SCHERER
EIN KUCKUCKS-KÜKEN IN DER KASCHUBEI

Die optische Darstellbarkeit des Oskar Matzerath habe ich bezweifelt. Beim Lesen der »Blechtrommel« stellte sich im Kopf zwar eine Erscheinung ein. Diese Erscheinung entzog sich jedoch jeder durch Striche zu zähmenden Kontur. Sie blieb im Zustand einer marmorierenden Ölpfütze. Dadurch behielt Oskar Matzerath die Vielfalt seiner Eigenschaften.

Jetzt gibt es aber einen Trommler Oskar. Es ist der zwölfjährige Sohn des Schauspielers Heinz Bennent. Daß dieses Kind die Inkarnation aller ungefähren Bilder abgibt, die ein fabuliertes Geschöpf aufkommen läßt, ist unwahrscheinlich. Solche Bilder können jedoch durch dieses Kind abgelöst werden.

Auf dem Turm des Rechtsstädtischen Rathauses von Danzig – im Roman ist es der Stockturm – sitzt der Oskar-Darsteller David Bennent zwischen den kleinen Säulen der Balustrade und sieht auf die Stadt. Von der tiefer liegenden Besucherplattform sind die Trommel, seine dünnen Beine, die geschnürten Halbstiefel unter den gerutschten Strümpfen und darüber der geneigte Kopf zu sehen.

Die milden Anweisungen des Regisseurs Volker Schlöndorff – »David, jetzt mach die Augen mal ganz auf, weil du was siehst, was du noch nie gesehen hast« – werden von dem Kind mit einer professionellen Akkuratesse befolgt.

Bei der Kälte auf dem Turm muß das Kind immer wieder in Mäntel gepackt werden. Es wird auch geschaukelt und gewiegt. Natürlich weiß das Kind, daß es wichtig ist. Es ruft über Megaphon: »Wo bleibt mein Tee?«, und von den geschlauchten Besorgern ruft einer die Antwort nach oben: »Sofort, ist schon in Arbeit.« Dann steigt er die über hundert Treppen hoch bis zur Galerie, danach die vier Leitern bis in die holzverschalte Turmkuppel, die unter dem obersten Umlauf liegt. Dort wippt das Kind auf den Knien des Regieassistenten Branco Lustig und will den Tee erst später. Das sagt es, um sich in Willkür zu probieren, aber nur zum Spaß.

In der Ul. Lawendowa, die einmal die deutsch benannte Lavendelgasse war und ein Hurenquartier gewesen sein soll, wird Alltagsgewimmel hergestellt. Über Lautsprecher, jedesmal bevor die Klappe fällt, werden die Anwohner der im Bild liegenden Straßenseite auf polnisch gebeten, sich nicht mehr in den Fenstern zu zeigen. Dann stützen sich die auf Milieu geschminkten Komparsinnen auf ihre Unterarme. Auch der ständig bebende Rehpinscher des Pyrotechnikers sitzt auf einer der Fensterbänke. Weil Miliz rumsteht, um abzusperren, und dahinter unübersehbar deren Mannschaftswagen in der internationalen Schlickfarbe von Staatsgewalt, sammeln sich Menschen.

Olga Oleszkiewicz bewohnt als dritte Partei eine Wohnung in der Ul. Lawendowa. In Wirklichkeit stellt sie aber gar keine richtige Wohnpartei dar, eher steht sie für die Daseinsform einer noch nicht erschlagenen Maus. Wasser holt sie auf Vorrat aus der Küche, immer zu Zeiten, in denen dort keiner zu Gange ist, und deckt den Eimer mit Zeitung ab. Bis zur Unwohnlichkeit legt sie auf alles, was einstauben oder zustauben könnte, Zeitungen.

Mit der Verfilmung der »Blechtrommel« hat Olga Oleszkiewicz nur insoweit zu tun, als daß in dem Zimmer, welches ihrer Stube gegenüberliegt, eine Liebesszene besprochen, probiert und schließlich heftig dargestellt wird. Olga Oleszkiewicz ist 90 und hatte seit Jahren weder Zeugen für ihre Ordnung noch für ihre Einsamkeit. Und jetzt befindet sie sich mitten in einem Wirbel.

Das Filmmotiv heißt »Pension Flora«, Absteige der Agnes Matzerath (Angela Winkler) und ihres Geliebten Jan Bronski (Daniel Olbrychski). Der Grund, die eilig zu absolvierende Leidenschaft in dieser Danziger Wohnung stattfinden zu lassen, liegt ausschließlich im Zierat der restaurierten Fensterfront. Unter dem Fenster, hinter dem sich die Liebe abspielt, gibt es ein Reliefbild aus Stein, auf dem eine Lokomotive in einen Tunnel einfährt.

Da Olga Oleszkiewicz erstens die Treppen nicht mehr schafft, somit das Haus nie verläßt, und zweitens zum Hof hin wohnt, weiß sie gar nichts von der herausgeputzten Fassade, ergibt das hochwichtige Rumoren im Flur für sie gar keinen Sinn.

Die Bergung des Joseph Koljaiczek unter den vier Röcken der Kaschubin Anna Bronski findet hinter der Bahnstation der verlassenen Ortschaft Marynowy statt. Dieses Motiv bedingt neben einem Kartoffelacker an besonderen Merkmalen »am nahen Horizont enteilende Telegrafenmasten«, das »knappe, obere Drittel eines Ziegeleischornsteins« sowie einen Hohlweg.

Außer dem Schornstein treffen alle Merkmale in Marynowy aufeinander. Nur, daß hier die gewölbte Kaschubei nicht ist, sondern die Ebene des Werder.

Der Kartoffelacker gehört dem Bahnhofsvorsteher, weshalb der Kartoffelacker sich auch in Grenzen hält. Auch kaschubische Äkker mit Telegrafenmasten standen zur Auswahl. Das waren aber Genossenschaftsfelder von kanadischer Unendlichkeit, die auf den Hügeln lagen und ohne Hohlweg weit und breit.

Koljaiczeks Verfolgung durch zwei Feldgendarmen, sein hakenschlagendes Davonrennen, seine klobigen, aber hohen Sprünge in den Hohlweg und wieder hinaus beweisen, daß aus literarischen Sätzen Filmbilder zu machen sind. Koljaiczek wird von Roland Teubner gespielt.

Das Drehbuch besteht in großen Teilen aus Sätzen des Romans, nur manchmal gibt es einen stoffraffenden Abnäher. Denn so häufig, wie beispielsweise Koljaiczek am Horizont sich springend abheben, sich ducken, stürzen und »über schwarzem Schnauz« sich wild umblicken müßte, ist als körperliche Forderung nur von imaginierten Menschen zu bringen.

Aus dem gesunden Gesicht der Schauspielerin Tina Engel schminkt Rino Carboni das gesunde Gesicht der Kaschubin Anna Bronski. Es scheint, daß im Film auch das Unsichtbare jede Mühe wert ist: die Ösen am Unterzeug, von Röcken verdeckte Hocker, von Schürzen verdeckte Taschentücher. Carboni macht sonst Maske für Fellini, zu erinnern ist Donald Sutherlands Stirnglatzengesicht als Casanova.

Im Morast der eingeregneten Ortschaft Marynowy wirkt der Filmstab in seinen Wetterhäuten, in gelben, blauen, grünen Gummistiefeln, mit über die Schirmmützen gezogenen Kapuzen, in Overalls voller Reißverschlüsse wie eine Invasion von Übermütigen, die das Wahre suchen.

Das Wahre ist der von innen nicht schließende Holzabort des Bahnhofsvorstehers. Das Wahre ist die Kartoffel aus dem Feuer, die »gare Bulve«, die »krustig geplatzte Knolle«, eben dieses Grundnahrungsmittel, dem auf der Wörterorgel von Günter Grass alle Eigenschaften gespielt worden sind.

Die Männer von Polski-Film, welche die Attrappe für das »knappe obere Drittel des Ziegeleischornsteins« angeliefert haben, laufen bei dem Wetter in Halbschuhen rum und halten sich die Jacketts vor dem Brustkorb zusammen. Da der Turm viel zu neu aussieht, bekommen die Lieferanten den Satz zu hören: »Jetzt holt's mal einen Besen, Kameraden, und macht's den Turm dreckig mit dem Dreck, der hier liegt.« In Marynowy erscheint nur die gereckt dastehende Garde der Gänse sauber. Die ebenso weißen Enten geben diesen Eindruck nicht, weil sie vereinzelt durch die Pfützen laufen. Sie könnten für Papier gehalten werden.

Wegen der plötzlichen Anwesenheit enormer Wolken muß Teubner seine Hetzjagd wiederholen. Schlöndorff sagt, daß er lieber auf das Weichbild des Danziger Krantors verzichten würde als auf die Wolken über der Danziger Bucht. Die sind jetzt dringend einzubringen wie eine Ernte vorm Verregnen. Sie haben die Form von aufgepumpten Elefanten, aus denen aber, damit sie besser rennen können, schnell die Luft rausgeht. Deshalb werden sie hofiert; im Gegensatz zu Teubners strapaziösen Sprüngen, als wenn die aus der Maschine kämen.

Die höhere Gewalt der Wolken hat zwar den Regen beendet, dafür aber Nervosität gebracht. Und die sucht sich einen hierarchischen Ausweg nach unten. Die Möglichkeit, das Wort »Ruhe!« auszurufen, wird im Filmstab gierig wahrgenommen. Darin drückt sich weniger Befehlsfreude als die Erlösung aus momentaner Unwichtigkeit aus. Es ist das Schnappen nach Mitwirkung.

Im Schnitt geben auf einen »Ruhe«-Ruf drei Leute Echo, die ihn jeweils noch steigern, weil sie ihn nicht als erste ausgestoßen haben. Hier jetzt verdoppelt sich die Echokette noch durch das polnische Wort für Ruhe, das »Cisza« heißt.

Einen ähnlichen Verlauf nimmt die Anteilnahme an einem umgestürzten Regengalgen. Das von einem polnischen Löschzug mit Wasser versorgte Gestänge hat den Tonmann eines westdeutschen Fernsehteams am Kopf getroffen. Am Drehort übertönt die Frage, wer den Galgen hätte halten müssen, den Schrecken über den Unfall.

Schlöndorff sagt: Nur gut, daß es kein Pole ist. Den darüber liegenden, neutralen Schrecken teilen sich abkömmliche Untermänner. Der Tonmann wird zur Bahnstation getragen, von wo zur Absperrung bestimmte Milizen losfahren, um einen Doktor zu holen.

Da hier kein Film entsteht, kann »Ruhe!« nicht gerufen werden. Hier liegt das Verfahren, der Hilflosigkeit eine Ordnerbinde anzuheften, in der Bitte, Abstand zu halten, wobei die Unterarme der

Aktionisten gegen eine nicht vorhandene Menschenmenge drükken. Das Verscheuchen der Kinder und eines abgewandt sitzenden Hundes besorgt der Bahnhofsvorsteher.

Inzwischen sind die Tümpel am Drehort soweit getrocknet, daß sie übersprungen werden können. Der japanische Kostümassistent Yoshio Yabara von der Berliner Schaubühne, der eine knapp sitzende, wie eine Kapsel aufgeschraubte, norwegisch gemusterte Mütze trägt, pflückt am Bahndamm die inneren Stiele einer Pflanze, von der er sagt, daß sie wie alles Grüne eßbar sei. Dabei singt er ein französisches, innig klingendes Lied, in das Angela Winkler einfällt. Dann beginnt sie ebenfalls diese Stiele einzusammeln. Diesem Gebaren, ernsthaft und hell wie die Engel zu singen, ist Individualität nicht abzusprechen.

Ihre Ernte der vergessenen oder nie erkannten Gräser richtet sich gegen das Weltniveau im Danziger Devisenhotel. Denn dort muß die Allmacht der Friteusen bekämpft, dort muß für eine Dampfkartoffel gefochten werden.

An dem Abend jedoch, an dem Günter Grass im Hotel »Poseidon« eintraf, gab es, als habe der Himmel es gefügt, Buchweizengrütze und kaschubische Rouladen, außerdem klare Brühe mit Kaldaunen-Klößchen.

Sitzt einer am Tisch, der nicht weiß, was Kaldaunen sind?

Die beiden Möglichkeiten, Günter Grass nicht aufzubringen, bestehen darin, nicht zu wissen, was Kaldaunen sind, damit er es sagen kann, oder es zu wissen, aber dann in einer gehobenen Konkurrenzfähigkeit. Die würde erst weit hinter dem zu belassenden Fett in einer Hammelniere beginnen dürfen, vielleicht beim gesäuerten Pansen, dessen Geschmackskern noch etwas von peristalitischer Schinderei vermitteln sollte.

Während des Essens begegnen sich der Schriftsteller Grass und der Darsteller seines Geschöpfes Oskar Matzerath zum erstenmal. Das Kind David Bennent, das seine Augen in einer Weise öffnen kann, als würden sie aus den Lidtaschen mit Tollkirschensaft versorgt, gefällt dem Schriftsteller.

Das Kind verfügt über eine oskarhafte Selbsteinschätzung, das Interesse der Umwelt zu haben. Es hält den Mittelpunkt besetzt und ist ein durch Aufmerksamkeiten gut genährtes Kuckucks-Küken. Dennoch fällt es nicht unter die Sorte des familiär gefeierten, zum Solo ermunterten Bonbon-Prinzen, dessen Großmutter einen nötigt, ihn gut zu finden.

Der zwölfjährige David Bennent ist mit 1,17 Meter für sein Alter ziemlich klein. Ärzte haben sein gehemmtes Wachsen als Nonan-Syndrom diagnostiziert. In glücklichen Fällen erreichen davon Betroffene eine Größe von 1,55 Meter. Als dem Jungen der zunehmende Größenunterschied zwischen sich und Gleichaltrigen bewußt wurde und ihn erste schlimme Visionen befielen, sagte ihm die Mutter: »Wir gehen später in ein Land, wo es ganz kleine Mädchen gibt.«

Bei analysierendem Herumwurschteln, nach der Abendkursmethode von Wundmalprüfern, die jede erworbene Million eines kleingeratenen Mannes mit einem seiner fehlenden Zentimeter erklären, wäre das Kind David Bennent ein napoleonisches Rumpelstilzchen, welches aus Rache keinen Menschen gleichgültig läßt. Es wäre Oskar Matzerath selber.

Schlöndorff sagt, daß er sich mit Oskar Matzerath identifizieren mußte, als er die Unternehmung »Blechtrommel« anging. Mich genieren solche Identifizierungen. Die können sich in atomkleinen Größen vielleicht ergeben. Man kann gedanklich Trittbrettfahrer einer üppigen Biographie, kann der Claqueur für einen Riesen sein. Aber man kann die Blutsbruderschaft zu einem Monstrum nicht willentlich herstellen. Denn Oskar Matzerath ist ja kein aufbegehrender Typ aus dem »Kleinen Fernsehspiel«, sondern ein Jesusknabe mit Bocksfüßen.

Günter Grass erregt sich darüber, daß die Szene mit Koljaiczek und Anna Bronski nicht in der Kaschubei spielt. Obwohl die Kamera auf die kleinste Erddüne perspektivisch so eingehen kann, daß ein kaschubischer Hügel aus ihr wird. Szenisch riskanter waren die vier kartoffelfarbenen Röcke als Herberge für einen Flüchtling, den darunter auch noch ein Behagen zu befallen hat, um die Vaterschaft von Agnes, der späteren Mutter Oskars, auszulösen.

Gemessen daran, daß die Phantasie eines Romanautors sich besser Platz verschaffen kann als ein Schauspieler unter einer noch so breit am Kartoffelfeuer dasitzenden Schauspielerin, ist diese Szene nicht als profane Pointe mißraten.

Der Heimweg vom Flößer-Motiv an dem Fluß Brad, den Schlöndorff Grass zuliebe »Radaune« nennt, führt durch die Kaschubei. Der Regisseur und der Kameramann Igor Luther halten aus dem Autofenster nach einem Hügel Ausschau, über dessen Kamm Koljaiczek nochmal fliehen könnte. Bei geschlossenen Bahnübergängen verlassen die Angehörigen der Polski-Film, die Komparsen in Gendarm-Uniform und die Männer der Miliz ihre Autos, um Pilze zu sammeln. Wenn die Barriere anhebt, kommen sie mit gefüllten Pickelhauben zurück, auch die Miliz trägt ihre Mützen mit Stein- und Butterpilzen vor sich her.

Am Ankunftsabend der kleinen Menschen, des Liliputaners Fritz Hakl vom Wiener Burgtheater und der Zwergartisten Emil Feist und Herbert Behrent, darf der Oskar-Darsteller David Bennent länger aufbleiben. Er sagt zu Hakl: »Fritz, ich trage immer deinen Schlafanzug.« Das zweiteilige Trikot mit der Aufschrift »Big chief« ist ein Geschenk vom Sommer in der Normandie, als am Westwall die Fronttheater-Szenen gedreht wurden. Hakl spielt den Künstler Bebra.

Schlöndorff schreibt, wie meistens, Tagebuch bei Tisch. Sein über die Heftseiten eilender Stift deutet auf ein Buch hin, das wahrscheinlich von einem Film handelt, der über ein Buch gedreht wird. Währenddessen erzeugt sich Mario Adorf (er spielt den Alfred Matzerath) mit einem in Danzig erworbenen Bernsteinrohling einem angenehmen harzigen Geruch, indem er den Stein an dem Maus genannten Muskel eines Daumens reibt. Manchmal bitten ihn die Umsitzenden, an seiner Innenhand riechen zu dürfen.

Die über Abende vorherrschende Annahme, daß dieser auf Haut erhitzte Rohling Ambra verströme, stellt sich schließlich als falsch heraus. Denn im Lexikon steht, daß Ambra »die krankhafte Absonderung des Pottwals ist, die als graue Masse auf dem Meer, besonders auf dem Indischen Ozean, treibt«. Dennoch bleibt Ambra ein Parfümextrakt; aber eines, das der Pottwal absondert.

»Ich werde eine Radierung von dir machen«, sagt Günter Grass zu David Bennent. »Vielleicht solltest Du dabei einen Papierhut tragen.« Dann sagt er: »Du mußt wissen, daß ich nicht nur Schriftsteller, sondern auch Grafiker und Bildhauer bin«, und erklärt dem Kind den Vorgang des Radierens auf einem glasigen Kalkstein.

Grass sitzt dem Oskar-Darsteller Bennent, dem Liliputaner Hakl und den Zwergen Feist und Behrent gegenüber. Den Ausführungen des Schriftstellers über die Figur des Bebra, der schon früh und wetterfühlig die Herrschaft der Nazis als leibliche Bedrohung für die kleinen Menschen erkennt, findet sich Hakl nicht gewachsen. Als sich die Sitzfolge ändert, sagt Hakl: »Für solche Gedanken bin ich zu einfach. Ich spiel' halt, was der Volker mir sagt.«

Dafür bestätigt sich die Interpretation des Autors über Oskars Freundschaft zu Bebra als dessen »einzige adäquate Beziehung« auf eine sehr äußerliche Weise: Das ungestüme Kind David Bennent bedeckt den Liliputaner Fritz Hakl mit Küssen und macht zur Bedingung, nur ins Bett zu gehen, wenn auch Fritz geht.

Der zarte Hakl, ein Mann an die 50, geht auf diese Bedingung ein. Nicht, weil das tyrannische, starke Kind sie stellt, sondern weil er sich müde fühlt, nur Fruchtsaft getrunken hat und nicht gewöhnt ist an Stimulanzien, die Erschöpfung übertünchen.

Er guckt auf seine das Handgelenk überragende Armbanduhr, es ist zehn, und verabschiedet sich ohne Handschlag, nur mit einer Verbeugung, die einen gezirkelten Halbkreis bildet. Dabei zieht er seine Jacke runter und beim Gehen dann beide Ärmel. Gemessen an den schweren Zwergen Feist und Behrent, die Biere kippen und jede Zigarette vor dem Rauchen auf ihren Feuerzeugen aufstippen, macht Hakl nur sehr sanft Gebrauch von der Folklore männlicher Bewegungen.

Der Zwergartist Behrent kümmert sich nicht um das Mikrophon, einen langen, über die Tischmitte ragenden Schaumgummiknüppel, in den die Werkstattgespräche mit Günter Grass einsickern sollen. Behrent erzählt von der steuerlichen Benachteiligung kleiner Menschen, die Maßanzüge brauchen, und überschneidet den Autor, der dem Alfred Matzerath gerade die »steilen Gefühle von Romantik« abspricht.

Als Grass die Rede auf Agnes bringt, deren Verhalten »bei all den kleinbürgerlichen Festivitäten der Matzeraths keusch bis ordinär« sei, hebt Behrent die Verdienste des Lord Snowdon hervor, der sich in England für die Zwerge einsetze.

Behrent ist nicht ungezogen, aber ein Künstler am Künstlertisch. Er hat die fromme Unterscheidung nicht gelernt, das Winzigfühlen vor großen Kreativen. Er kennt den Zugzwang nicht, dem Günter Grass zu sagen, er habe den »Butt« erst zur Hälfte gelesen.

Günter Grass hat eine große Ernsthaftigkeit beim konservatorischen Umgang mit seinen Romanfiguren. Kein Mensch erwartet, daß er über eine dieser Figuren sagt: »Die dürfen Sie gerne vergessen.« Aber er sollte die Tatsache, daß einer die Vornamen von Bruno und Kurt verwechselt, wobei Bruno ein Krankenpfleger und Kurt der von Oskar gezeugte Sohn seiner Stiefmutter Maria ist, nicht als blasphemisches Vergehen werten.

Außer für germanistische Grass-Doktoranden sind weder Bruno noch Kurt historische Personen. Es handelt sich nicht um die Geschwister Scholl, die jemand für ein Kniegeigen-Duo hält.

Der Spiegel, Nr. 45/1978

Wir verlassen den U-Bahnhof Karl-Marx-Straße im Berliner Stadt-
teil Neukölln, gehen an Woolworth und einer Würstchenbude
vorbei, biegen vor einem Koffergeschäft in die Uthmannstraße und
stehen im Danziger Labesweg, zehn Jahre vor Beginn des Zweiten
Weltkriegs.

»Und ich begann zu trommeln. Unser Mietshaus zählte vier Eta-
gen. Vom Parterre bis zu den Bodenverschlägen trommelte ich
mich hoch und wieder treppab. Vom Labesweg zum Max-Halbe-
Platz, von dort nach Neuschottland, Anton-Möller-Weg, Marien-
straße, Kleinhammerpark, Aktienbierbrauerei, Aktienteich, Frö-
belwiese, Pestalozzischule, Neuer Markt und wieder hinein in den
Labesweg. Meine Trommel hielt das aus, die Erwachsenen weniger,
wollten meiner Trommel ins Wort fallen, wollten meinem Blech im
Wege sein, wollten meinen Trommelstöcken ein Bein stellen . . .«
Oskar Matzerath steht mitten auf der Straße, die Trommel umge-
hängt, und starrt gedankenverloren zum Regisseur, der neben
einem Kartoffelhaufen mit dem Kameramann diskutiert.

Es beginnt zu regnen. »David! Du wirst ja klatschnaß, komm
rein!« ruft eine ältere Dame, und Oskar Matzerath verschwindet in
einer Kneipe, deren Außenfront in ein Schuhgeschäft der zwanziger Jahre verwandelt wurde.

»Wie heißt'n der Film?«

»Die Blechtrommel. Hab' ich zu Hause so'n Ding.«

Als wir die Kneipe wieder verlassen, sitzt Oskar Matzerath allein
und konzentriert am Spielautomat, Ilse Pagé, im Film Gretchen
Scheffler, steht am Tresen, ins Drehbuch vertieft, umringt von
Rauchwolken und Schnapsbrüdern, von denen einer die vorbeilau-
fende Käthe Jaenicke um ein Autogramm bedrängt. Draußen
spuckt ein Schlauch Kunstschnee aus, draußen ist Danzig, draußen
ist 1929: Von den Laternen, der Reklame an den Mauerwänden
über die parkenden Autos bis zu den Persilschachteln im Kolonialwarenladen Alfred Matzeraths stimmt jedes Detail.

David Bennent schreit einem Kind nach, das mit seinem liebsten
Stück geflüchtet ist: »Gib mir meine Trommel wieder! Meine
Trommel! Gib sie her, sonst kriegst eine Watsche!« David liebt sein
Instrument, wie Oskar es liebt, David hatte ein halbes Jahr Trom-
melunterricht an der Münchner Oper; noch in den Drehpausen
trommelt er durch die Uthmannstraße – wenn er nicht mit den

Stöcken dem Kameraassistenten in den Hintern piekst.

David ist zwölf Jahre alt und so groß wie ein Vierjähriger. Die Ursache der Wachstumsstörung ist unbekannt. Schlöndorff: »Mich interessiert nicht seine Größe, mich interessieren seine Augen.« Am ersten Tag der Dreharbeiten, vor Monaten, hat der Regisseur zu David gesagt, bewußt ganz unpädagogisch: »David, du bist der Hauptdarsteller. Du kannst alles haben. Wenn du mit den Fingern schnippst und von einem Chauffeur in die nächste Eisdiele gefahren werden willst, fährt dich ein Chauffeur in die nächste Eisdiele.« David ist der Star, aber ein Star ohne Allüren. »Ein Clown, der sich dem Mitleid verweigert« (Schlöndorff). Er tollt wie ein Derwisch durch die Technik, springt dem Aufnahmeleiter an die Brust, umarmt seine Filmmutter Angela Winkler, sitzt ruhig und beobachtet schweigend, er hat keinen Wunsch nach Eisdielen, sondern ist voller Konzentration bei der Arbeit – ein großes Spiel, und ein drehfreier Tag bedeutet Langeweile. Mit dem Lesen hapert's bei ihm, aber sein Gedächtnis ist phänomenal: »Die Blechtrommel« wurde ihm dreimal vorgelesen, einmal auf französisch, und er weiß sie so gut auswendig, daß er in Regiebesprechungen selbst Günter Grass korrigieren kann: »So haben Sie das aber gar nicht geschrieben.«

Aufs Wort gehorcht David Regisseur Volker Schlöndorff, den meist sehr ruhigen, nur hin und wieder kurz explodierenden, eindeutigen Chef des gesamten Unternehmens. Wenn die Kamera läuft, herrscht Hochspannung. »Wir haben noch keine Minute gleichgültig gearbeitet.«

Arbeitsmaterial zum Film

DAUER DER EINZELNEN SEQUENZEN

Bild Nr.	Motiv	nach Drehbuch (pre-stopped)	nach Schnitt (stopped shooting)
1	Kaschubei-Acker	3′22″	3′00″
2	Brennende Scheunen	0′19″	0′00″
3	Fluß-Holzhafen	1′36″	1′31″
4	Chicago	0′25″	0′30″
5	Markt am Hafen	0′53″	1′20″
6	Wehrbezirkskommando	0′10″	0′30″
7	Vor Wehrbezirkskommando	0′25″	0′35″
8	Grabenstellung	0′38″	0′00″
9	Lazarett	0′23″	0′00″
10	Küche Lazarett	0′48″	0′39″
11	Markt	0′07″	0′00″
11B	Mutterleib	0′18″	0′00″
11C	(als 11B gedreht) Gewitter	0′19″	0′19″
12	Schlafzimmer (Geburt)	2′35″	2′15″
13	Schlafzimmer (3. Geburtstag)	1′27″	0′00″
14	Laden Matzerath	0′12″	0′00″
14A	Flur	0′09″	0′00″
15	Labesweg	1′55″	0′00″
16	Wohnzimmer (Geburtstag)	3′25″	2′55″
17	Flur	0′07″	0′25″
18	Wohnzimmer	1′35″	2′17″
19	Flur	0′21″	0′00″
20	Laden (Sturz-Anfang)	0′22″	1′30″
21	Keller (Sturz)	0′39″	0′00″
22	Schlafzimmer	0′36″	0′51″
23	Laden Matzerath	0′05″	0′23″
24	Wohnzimmer	1′57″	1′57″
25	Hinterhof	0′29″	0′29″
26	Labesweg	0′33″	1′00″
27	Praxis Dr. Hollatz	2′23″	2′09″
28	Straße vor Schule (jetzt Labesweg)	0′35″	0′30″
29	Schule	3′33″	2′22″

Bild Nr.	Motiv	nach Drehbuch (pre-stopped)	nach Schnitt (stopped shooting)
30	Laden Matzerath	0'49''	0'49''
31	Gemüseladen Greff	0'08''	1'10''
32	Hinterhof	0'33''	0'00''
33	Treppenhaus	0'40''	0'00''
34	Wohnzimmer Scheffler	3'29''	3'39''
35	Salon	0'33''	1'11''
36	Wohnzimmer Scheffler (in Bild 34)		0'00''
37	Hinterhof (üble Suppe)	0'50''	1'54''
38	Dachboden (wird evtl. wiederholt)	1'05''	1'13''
39	Innenstadt	0'07''	0'42''
40	Polnische Post	0'33''	0'30''
41	Post-Eingang	0'29''	0'44''
42	Straßen	0'59''	0'40''
43	Spielzeugladen	1'28''	2'10''
44	Straße	0'22''	0'22''
45	Tischlergasse	0'14''	0'20''
46	Pension Flora	0'51''	0'51''
47	Pension Flora (alternativ)	0'00''	0'00''
48	Stockturm	0'25''	0'58''
49	Stockturm	1'33''	1'33''
50	Innenstadt	0'19''	0'38''
51	Spielzeugladen	1'25''	1'48''
52	Labesweg	0'19''	0'50''
53	Laden	0'22''	0'00''
54	Labesweg	0'23''	0'00''
55	Zirkus	3'00''	3'00''
56	Zirkusplatz	2'52''	2'00''
57	Wohnzimmer	3'02''	3'56''
58	Maiwiese	3'26''	8'55''
59	Schlafzimmer	0'17''	0'37''
60	Herz-Jesu-Kirche	4'57''	3'36''
61	Brösen	0'46''	1'20''
62	Mole	2'24''	1'40''

Bild Nr.	Motiv	nach Drehbuch (pre-stopped)	nach Schnitt (stopped shooting)
63	Küche	0'10''	0'25''
64	Wohnzimmer	1'22''	1'29''
65	Schlafzimmer	0'07''	0'45''
66	Wohnzimmer	0'14''	0'00''
67	Schlafzimmer	1'13''	1'00''
68	Wohnzimmer	0'19''	1'04''
69	Laden Matzerath	0'25''	1'08''
70	Küche	0'20''	0'00''
71	Laden Matzerath	0'29''	1'22''
72	Küche	0'45''	1'05''
73	Treppenhaus	0'16''	0'38''
74	Friedhof	2'14''	3'43''
75	Landstraße	0'08''	0'20''
76	Bauernhof	0'14''	1'30''
76A	Markus betet	0'00''	1'00''
77	Bauernhof	0'23''	0'40''
78	Synagoge	0'34''	1'00''
79	Innenstadt	0'16''	0'50''
80	Spielzeugladen	1'05''	0'45''
81	Wohnzimmer	1'18''	1'12''
82	Heveliusplatz	0'33''	1'24''
83	Polnische Post	0'59''	0'23''
84	Schalterhalle	0'48''	1'00''
85	Stadtpanorama	0'14''	0'14''
86	Stadtpanorama	0'14''	0'14''
87	Fensterloser Raum	0'47''	0'47''
87A	Vor fensterl. Raum	0'00''	0'19''
88	Flur Post	0'51''	0'55''
89	Treppe Post	0'09''	0'27''
90	Kinderzimmer	1'58''	1'58''
91	Polnische Post	0'24''	0'30''
92	Labesweg	0'26''	0'26''
93	Fensterloser Raum	2'38''	3'00''

Bild Nr.	Motiv	nach Drehbuch (pre-stopped)	nach Schnitt (stopped shooting)
94	Heveliusplatz	0'16''	0'44''
95	Fensterloser Raum	0'28''	0'30''
96	Hof Polnische Post	0'44''	0'35''
97	Schlafzimmer	0'12''	0'00''
98	Lichtspiele	0'30''	0'00''
99	Hitler in Danzig	1'08''	1'20''
100	Friedhofstraße	0'22''	0'30''
101	Friedhof	1'08''	2'00''
102	Laden Matzerath	1'30''	2'02''
103	Küche	0'19''	0'00''
104	Wohnzimmer (Treppenhaus)	0'31''	0'32''
105	Schlafzimmer	0'29''	1'00''
106	Badeanstalt	0'29''	0'45''
107	Kabine	1'31''	1'35''
108	Vor Kabine	0'10''	0'15''
109	Strand	0'59''	1'10''
111	Herberts Zimmer	1'43''	3'08''
112	Labesweg	0'17''	0'00''
113	Wohnzimmer	2'47''	4'15''
114	Schlafzimmer (kurze Fass.)	0'24''	0'30''
115	Taufessen	1'20''	3'00''
116	Schlafzimmer	0'14''	0'30''
117	Labesweg im Schnee	0'14''	0'00''
118	Strand b. Glettkau	0'25''	
119	Labesweg	0'25''	0'50''
120	Wohnung Greff	0'23''	1'48''
121	Strand b. Glettkau	0'26''	
122	Labesweg	0'16''	0'30''
123	Keller Greff	0'16''	0'30''
124	Labesweg	0'16''	0'30''
125	Keller Greff	0'23''	0'23''
126	Labesweg	0'25''	0'25''
127	Gemüseladen	0'10''	0'30''

Bild Nr.	Motiv	nach Drehbuch (pre-stopped)	nach Schnitt (stopped shooting)
128	Keller Greff	0'30''	0'00''
129	Öffentl. Gebäude	1'01''	1'38''
130	Café Vierjahreszeiten	1'44''	2'40''
131	Eiffelturm Paris	0'28''	0'28''
132	Ile de France	0'13''	0'30''
133	Theater	2'31''	3'10''
134	Normandie	0'13''	0'15''
135	Bunker Dora 7	2'41''	3'00''
136	Bunker Dora 6	0'09''	0'30''
137	Bunker Dora 7	0'42''	0'45''
138	Schlafzimmer Schloß	0'22''	0'22''
139	Schloßhof	0'46''	0'55''
140	Trümmerlandschaft	0'44''	0'55''
141	Wohnzimmer	1'38''	2'11''
142	Labesweg	0'28''	0'35''
143	Laden Matzerath	0'50''	1'13''
144	Schlafzimmer Matzerath	0'49''	1'13''
145	Stäuberbande	–	0'00''
146	Herz-Jesu-Kirche	–	0'00''
147	Straßen	–	0'00''
148	Labesweg	0'33''	0'32''
149	Wohnzimmer	0'20''	0'52''
150	Panorama	0'20''	0'20''
151	Dachbodenfenster	0'24''	0'35''
152	Keller Matzerath	2'51''	2'39''
153	Labesweg	0'33''	1'20''
154	Laden Matzerath	1'05''	1'30''
155	Keller Matzerath	1'16''	2'05''
156	Friedhof	3'19''	2'02''
157	Laden Matzerath	0'11''	0'47''
158	Schlafzimmer	0'39''	1'10''
159	Laden Matzerath	1'00''	1'53''
160	Bahnhof	0'45''	0'56''

Bild Nr.	Motiv	nach Drehbuch (pre-stopped)	nach Schnitt (stopped shooting)
161	Kaschubei (Nachspann)	0'27''	4'54''

Gestoppt Buch: 2 Std. 31 Min.
Gedreht: 3 Std.
Fertiger Film: 2 Std. 24 Min.

SPECIAL EFFECTS (letzte Fassung 11. 4. 1978)

	Bild/Seite
Kartoffelacker. Feuer/Rauch/Wind	1/1
Kugeleinschläge in Holz/Wasser + entsprechende Karabiner K 98	3/5
Granateneinschläge und Kugeltreffer Gesäß + Regen	8/8
Embryo im Fruchtwasser schwimmend – schaut in Kamera	11A/11a
Gewitter Labesweg Nacht. Regen/Blitze	11B/11b
Geburt. Nabelschnur. Nachtfalter/Glühbirne	12/11bc
Kellertreppe. Sturz Oskar. Zerplatzen Gläser/Flasche	22/23
Standuhr – Glasscheibe	27/29
Weinglas außen	28/31
Laterne/Scheiben. Labesweg	29/32
Spiritusgläser/Glasschrank Dr. Hollatz	30/34
Klassenzimmer-Fenster und Brillengläser Frl. Spollenhauer	33/39
Blick aus Dachluke/Modell Stadt Danzig	42/54
Fensterscheiben Theater. Fall der Scheiben. Glaskaskade	54/67
Atelier/Regen vor Fenster. Innen/außen	64/84
Pferdekopf/lebende Aale	67/90

MUSIKLISTE

Bis jetzt nach dem Drehbuch – letzte Fassung – feststehende Musiken im Zusammenhang mit der Handlung. Die mit PB (Playback) gekennzeichneten Musiken müssen vor Drehbeginn aufgenommen werden.

Bild

2 »Lied von der Bogurodzica«
Chor, polnisch
(entfällt evtl.)

16 »Wer uns getraut . . .« (Zigeunerbaron)
Klavier/Gesang Agnes und Jan

26 »Internationale«
Trompete

Bild

Die Playbacks sind teilweise Komposition + Neuaufnahme, teilweise zusammenzustellendes Archiv. Stil immer analog der entsprechenden Beschreibung im Drehbuch.

GERD VAN HAALEM

Der Zwergwuchs aus wissenschaftlicher und historischer Sicht

Erst Ende des 19. Jahrhunderts begann man sich wissenschaftlich mit dem Zwergwuchs zu beschäftigen.

Ausgelassen werden soll hier der erbliche Zwergwuchs der Pygmäenvölker und ihrer Artverwandten.

Trotz einer Unzahl divergierender Theorien lassen sich drei grundsätzliche Unterscheidungen machen:

Knochenkrankheiten, ererbt, Infektion oder Verletzung

Stoffwechselkrankheiten und Infektionen, die den Austausch von Nahrung, Vitaminen und Mineralien im Körper nicht gewährleisten

Endokrine Störungen, d. h., Funktionsstörungen des Hormonhaushalts, insbesonders der Hypophyse, verursacht durch Geburtstraumata, Alkoholismus oder Geschlechtskrankheit der Eltern oder Hirninfektionen oder -verletzungen im Wachstumsalter.

Diese drei Faktoren bestimmen einzeln oder sich bedingend das gestörte Wachstum.

OSKAR MATZERATH

Bei der Figur des Oskar Matzerath handelt es sich aller Wahrscheinlichkeit nach um einen hypothalamo-hypophysären Zwerg. Hier der Lebenslauf von Oskar, dargestellt in einer Medizinischen Fachzeitschrift.

Oskar, so heißt der Zwerg, wurde 1924 geboren, verbrachte seine Jugend in Danzig, erlebte Machtergreifung, den Krieg, den Einzug der Russen und schließlich die Auswanderung nach dem Westen. Im Alter von drei Jahren tat er einen Sturz über eine Kellertreppe, und von da an stand sein Wachstum still. Noch mit 18 Jahren maß er bloß 94 cm. Er blieb völlig infantil. Sein beliebtestes Spielzeug war eine Blechtrommel – daher der Name des Romans. Eine rechte Schulbildung wurde ihm nicht zuteil. Noch mit 16 Jahren erhielt er zu Weihnachten einen Schwan zum Schaukeln und einige Bilderbücher. Ein halbwüchsiges Mädchen, Maria, war seine erste Liebe, und es ist sehr aufschlußreich, die infantilen Liebesspiele mit diesem Mädchen zu verfolgen.

Als 20jähriger lief Oskar von zu Hause weg, um in einem Front-theater als Liliputaner aufzutreten. Aus dieser Zeit stammt seine zweite Liebe, ein zwergwüchsiges Mädchen, das im gleichen Thea-ter tätig war. Hier fand er einen gewissen körperlichen Kontakt, aber eine innere Verbindung kam nicht zustande. Oskar war innerlich kaum berührt, als dieses Mädchen kurz nach Beginn der Invasion einer verirrten Granate zum Opfer fiel.

Kurz nach Kriegsende, angeblich nach einem Schädeltrauma, be-gann Oskar zu wachsen. Er erreichte schließlich eine Länge von 121 cm. Während dieses Wachstumsschubes machte er eine gewisse Reifung durch. Er gab das Trommeln auf, besuchte die Volkshoch-schule und das Theater, was ihm zu einem »großzügig lückenhaften Bildungsniveau« verhalf. Kurze Zeit fristete er sein Leben als Gehilfe bei einem Steinmetz, dann als Aktmodell in einer Kunst-halle. Da er dabei recht ordentlich verdiente, begann er seine Minderwertigkeitsgefühle in großzügiger Weise zu kompensieren. Er zog feine Kleider an und verkehrte in erstklassigen Restaurants.

Er machte auch verschiedene Annäherungsversuche an Frauen, unter anderem an eine Krankenschwester, die er anläßlich eines Klinikaufenthaltes kennengelernt hatte, blieb aber stets in völlig infantilen Liebesbeziehungen stecken, »beschämt, unsicher, etwa-igen Regungen meines Körpers nicht trauend, ... einer Hauptak-tion ausweichend«.

Als seine ehemalige Geliebte Maria einen Heiratsantrag ablehnte, sehnte er sich wieder nach seinem alten Zustand zurück: »Noch keine zwei Jahre war es her, da ich mich zum Wachstum entschlos-sen hatte, und schon war mir das Leben der Erwachsenen einerlei. Nach den verlorenen Proportionen des Dreijährigen sehnte ich mich. Unverrückbar wollte ich wieder 94 cm messen.« Oskar begann wieder zu trommeln, wurde durch eine Konzertagentur hochgespielt, verdiente viel Geld, bereiste in seinen Konzertreisen halb Europa, landete aber schließlich in einer Nervenheilanstalt, wo er sich endlich wohl fühlte.

EINIGE WISSENSCHAFTLICHE STIMMEN ZUR PSYCHE
DES HYPOTHALAMO-HYPOPHYSÄREN ZWERGES

Im Temperament und in der Stimmungslage zeigen sich keine wesentlichen Abweichungen vom Normalen. Allerdings unter der Voraussetzung, daß eine normale Genitalentwicklung vorliegt.

Die Intelligenz scheint mehr von der sozialen Struktur des Elternhauses abzuhängen sowie von dem Milieu. Neben guten Schülern zeigen andere zum Teil sehr schlechte Schulleistungen. Ihr Denken ist jedoch im allgemeinen beweglich, sie sind anpassungsfähig, assoziieren schnell und fallen oft durch gewisse Findigkeit und Schlagfertigkeit auf. In praktischer Hinsicht sind sie begabt und geschickt, in ihrem Wesen wirken sie oft ungewöhnlich vernünftig und altklug. Im Spiel wenden sie sich jedoch meistens Beschäftigungen zu, die ihrem Alter in keiner Weise entsprechen.

Psychisch sind sie ausgesprochen labil und empfindlich, weinen bei den geringsten Anlässen, andererseits besitzen sie einen ausgesprochenen Sinn für Humor.

Stark ausgeprägt ist ihr Pflichtbewußtsein. Sie sind sehr zuverlässig. Bei starkem Anlehnungsbedürfnis bekommt man doch sehr schwer Kontakt zu ihnen. Auch im Spiel schließen sie sich gern ab oder aber beschäftigen sich mit jüngeren Kindern, von denen sie als vollwertig und überlegen anerkannt werden sollen.

Altersgenossen gegenüber sind sie scheu und zurückhaltend, haben starke Minderwertigkeitsgefühle und ein ausgesprochenes Schamgefühl.

Je kleiner der Patient, um so größer die Gefahr der Verwöhnung und Überbehütung seitens der Erwachsenen, um so größer aber auch seitens des Patienten die Tendenz, wie kleine Kinder zu handeln und zu sprechen, nicht ihrem Alter, sondern ihrer Größe entsprechend.

Selbst bei Sexualreife wissen viele mit ihrem reifen Körper nichts anzufangen.

Man findet normale, teilweise sogar überdurchschnittliche Intelligenz, keine Antriebsstörung, keinen ausgesprochenen Infantilismus, einen hohen Grad charakterologischer Differenziertheit.

Die durch den Minderwuchs bedingte Außenseiterstellung wird bewußt durchlebt, rational verarbeitet und durch gesteuert eingesetzte Kompensationsmechanismen nach außen abgesichert, in einigen Fällen sogar überwunden. Diese Leistung ist um so höher zu bewerten, als sie (Zwerge) durch die Disharmonie ihrer Entwicklung sicher ebenso stark belastet werden wie durch ihre schwierige Stellung innerhalb der Gemeinschaft.

Ihre geistige Entwicklung kann ihrem chronologischen Alter entsprechen, jedoch sind sie eben körperlich um einen mehrfachen Jahreszuwachs rückständig und demnach auch in ihrem Leistungsvermögen stark beeinträchtigt.

Der Abstand, der zwischen ihnen und ihrer Umgebung klafft und zwangsläufig auf sie selbst verweist, verleiht ihnen eine Erfahrenheit und innere Reife, die sie über ihre Altersstufe weit hinaushebt. Ihre innere Stabilität ist durch die weit auseinandergezogenen Entwicklungslinien ständig gefährdet. Die Gefahr der sekundären Neurotisierung ist damit ständig gegeben, regressive Symptome scheinen häufig zu sein.

Als junge Kinder werden sie fast immer wegen ihrer Niedlichkeit verhätschelt und verwöhnt, später jedoch wird die Einstellung der Umwelt ambivalent und schwankt zwischen Mitleid, Gönnerhaftigkeit und Befremdung.

Es besteht bei vielen ein affektiver Entwicklungsrückstand im Sinne eines generellen Infantilismus.

Starke psychoreaktive Störungen, d. h. mangelnde Kontrolle der Affekten, bedingt durch die krankhaft seelische Verarbeitung der Wachstums- und Reifestörungen.

Der Zwerg wird wegen seiner körperlichen Besonderheit in der Schule schnell überall bekannt. Entweder als Ziel der Kritik oder einer zum Teil sogar wohlwollenden Neugier. Wird er geplagt, zieht er sich zurück. Dieses Abseitsstehen wirkt sich auf die Entwicklung ungünstig aus. Ist er anerkannt, kann er trotzdem nicht alles seinen Kameraden gleichtun. Er versucht den Mangel zu kompensieren, indem er sich als Clown oder Komödiant aufspielt.

Die Behandlung mit Wachstumshormonen bringt manche Zwerge in eine neue Situation. Insbesondere jene, die sich in ihrem kindlichen Dasein wohl fühlten, haben Mühe, sich den neuen Gegebenheiten anzupassen. Sie möchten in ihrer kindlichen Welt verharren und wehren sich gegen die Behandlung.

Zufolge der körperlichen Mißgestaltung entstehen Störungen im Sozialverhalten, entweder im Sinne einer übermäßigen Anpassung oder im Sinne einer ressentimentgeladenen Einstellung.

Die Art und Weise, wie der körperliche Defekt verarbeitet wird, hängt nicht nur von der Reaktion der Umwelt, sondern auch von der Selbsterfahrung am eigenen Leib ab.

Die Erscheinung, daß Zwerge unter der Beeinträchtigung der männlichen Geschlechtsrolle leiden, ist nicht in erster Linie auf eine Diskrepanz zwischen Libido einerseits und fehlender Realisationsmöglichkeit andrerseits zurückzuführen, sondern hauptsächlich auf das Fehlen der sichtbaren Erscheinungsformen der Männlichkeit.

Diese Ansammlung zum Teil divergierender psychopathologischer

Befunde beweist vor allen Dingen, daß es kein einheitliches Zwergenbild geben kann, ebensowenig, wie es ein einheitliches Menschenbild gibt. Allerdings fand sich in der von mir befragten Literatur kein Hinweis auf eine willentlich vom Kind ausgelöste Wachstumshemmung. Man muß wohl hier die Phantasie des Autors der »Blechtrommel« wichtiger nehmen als eine mögliche psychopathologische Erklärung.

ASPEKTE DER PSYCHOLOGISCHEN ENTWICKLUNG VON KINDERN
MIT ERHEBLICHEN WACHSTUMSSTÖRUNGEN

Kinder, die unter echtem Zwergwuchs leiden, haben, als Gruppe, einen mittleren IQ unter Normal.
Eine direkte Verbindung zwischen Wachstumsstörungen und Intelligenzgrad ist bisher nicht hergestellt worden.
Es gibt gewisse Anzeichen, daß Krankheiten, die das Wachstum beeinträchtigen, in direkterer Beziehung zum Intelligenzgrad stehen als der Zwergwuchs im allgemeinen.
Untersuchungen haben ergeben, daß der Intelligenzgrad der Kinder mit Zwergwuchs sich anhebt, wenn sie älter werden. Dies könnte als eine verspätete Entwicklung der intellektuellen Fähigkeiten, insbesonders der Aufnahmefunktionen, interpretiert werden.
Es muß jedoch gesagt sein, daß der Unterschied zwischen verbalem IQ und Darstellungs-IQ bei Kindern mit Zwergwuchs deutlich spürbar ist. Bei gewissen Zwergwüchsigen ist ein deutlicher Mangel an Erkenntnis- und Ordnungsfähigkeit zu sehen. Die Ergebnisse schwanken jedoch von Gruppe zu Gruppe. Kinder unter 12 Jahren, die deutlich an Wachstumsstörungen leiden, bleiben in der Persönlichkeitsentwicklung zurück. Diese verzögerte Persönlichkeitsentwicklung kann umschrieben werden als die Unfähigkeit, vordergründige Wunschbefriedigung anderen Werten unterzuordnen. Die Willenskraft ist schwächer strukturiert, das Verhalten naiver, und die Kinder sind kaum fähig, die Relativität der Dinge zu erkennen.
Bei Kindern über 12 Jahren ist dieser Mangel an Persönlichkeitsentwicklung kaum spürbar, jedoch wird, da die Wachstumsstörungen kurz vor oder während der Pubertät einsetzen, die sexuelle Entwicklung des Kindes erheblich beeinträchtigt. Sie sind viel naiver und letztlich uninteressierter als normale Kinder desselben Alters.

Es steht jedoch außer Frage, daß die Infantilität der Kinder mit früh gestörtem Wachstum im wesentlichen äußere Faktoren hat. Sie sind das Resultat eines Milieus, das auf kleine Statur mit diskriminierender Verniedlichung und Verkindlichung reagiert.

Zwergenhafte Kinder haben besonders großen Ehrgeiz auf intellektuellem Gebiet. Sie sind jedoch zumeist übertrieben anpassungsbereit und unterwürfig in der Hoffnung, den Autoritäten zu schmeicheln. Ihre Vorstellungen von Beruf oder zukünftigen Tätigkeiten sind zumeist irrational, da sie sich zu viel erwarten.

Die Mutter nimmt einen zentralen Platz im Leben dieser Kinder ein. Die Kinder fühlen sich besonders stark an sie und auch an das Elternhaus gebunden. Zugleich wird die Mutter jedoch auch als erdrückend und hinderlich in der Selbst-Entwicklung empfunden, da sie ihr Kind zuviel schützen will. Dem liegt wahrscheinlich die Interaktion zwischen dem notwendigen mütterlichen Schutz und dem Gefühl der Fremdheit der Mutter gegenüber dem Kind zugrunde.

Wachstumsgestörte Kinder haben zumeist Kontaktschwierigkeiten zu anderen Kindern des gleichen Alters. Meist fühlen sie sich einsam. Sie empfinden die Welt fast immer als gefährlich und bedrohlich.

Wachstumsgestörte Kinder bedürfen einer gezielten psychologischen, pädagogischen und didaktischen Hilfe, die sich jedoch auch auf den Kreis der nächsten Erwachsenen erstrecken sollte, denn von hier kommen die Einflüsse, die das zu kleine Kind in seiner Entwicklung hindern, da unsere Gesellschaft die kleine Statur zumeist verniedlicht und verkindlicht. Der zu kleine Mensch ist immer in Gefahr, nicht ernst genommen zu werden, was er auch unternimmt. Man behandelt ihn wie ein Kind, entweder findet man es süß oder man verbietet es ihm, bis hin zu Schlägen.

HISTORISCHE ASPEKTE

Seit der menschlichen Frühzeit hat das Phänomen des Zwergs, d. h. Individuen mit kleiner Statur, das Interesse der Allgemeinheit erregt. Im gewissen Sinne hat das Wort Zwerg zwei Bedeutungen: zum einen als Begriff für übernatürliche Lebewesen, zum anderen für besonders klein geratene Lebewesen, besonders Menschen.

In der Bibel sind Zwerge nicht erwähnt. Auch in der mythologischen Welt des antiken Griechenland und Rom scheint es keine Zwerge gegeben zu haben, jedoch eine große Anzahl von Riesen, wie z. B. Titan und Zyklop. Die nordischen Mythen haben dagegen einen Überfluß an Zwergen. Man glaubte, daß sie in Höhlen unter der Erde leben, zaubern können und hervorragende Metallbearbeiter seien. Thors Hammer und Odins Speer sind von ihnen verfertigt. Sie bilden eigene Staaten mit Königen (Laurin, Alberich). Unsichtbar machen sie sich durch die Tarnkappe. Wer einem Zwerg die Tarnkappe abnimmt, gewinnt Macht über ihn.

Die Macht der Zwerge, den Menschen zu nützen, kann sich aber auch bei Undankbarkeit in das Gegenteil verkehren. Märchen und Mythen sind voll solcher Geschichten.

Die besondere Vorliebe der nordischen Rasse für Zwerge als Figuren der Mythologie ist bisher nicht untersucht, sofern es reale, umweltbezogene Gründe haben könnte. Einige Mediziner nehmen an, daß das kalte Klima in der Frühzeit eine erhöhte Anzahl rachitischen Zwergwuchses hervorgerufen hat.

Künstlerische Darstellungen des Zwerges kann man bis ins alte Ägypten und Griechenland verfolgen. Der ägyptische Gott Bes wird mit übergroßem Kopf, kugelrundem Bauch und krummen, verwachsenen Beinen als typischer Zwerg dargestellt. Er war der Steuermann des Bootes, das die Seele des verstorbenen Pharaos zu den Inseln der Osiris brachte. Viele Pharaonen hielten sich aus

diesem Grunde einen Zwerg, damit sie, die sie ja selber Götter waren, durch die Gegenwart eines Abbilds eines anderen Gottes an ihre menschliche Vergänglichkeit gemahnt wurden.

Im antiken Griechenland wurden Kinder in Truhen gesperrt, damit sie nicht mehr weiter wachsen und die lukrative Karriere eines Zwerges machen konnten. In den Salons der römischen Aristokratinnen tummelten sich nackte Zwerge. Allerdings wurde schon damals der Anblick eines Buckligen als schlechtes Omen gewertet. Wenn auch der Zwerg später ein komischer Charakter wurde und sein Bildnis auf einem Amulett Glück brachte, so ist dieser Prozeß nicht nur eine historische Entwicklung. Der Schrecken wurde durch Lachen gebannt, das Abbild des Häßlichen bannte das Böse. Das Christentum brachte da keine Änderung. Der Zwerg war von Gott geschlagen, und man sollte ihm besser aus dem Weg gehen.

Im späten Mittelalter und in der Renaissance begann man sich sehr für Zwerge zu interessieren. Die Gründe dafür liegen wahrscheinlich in den stärker aufkommenden Naturbeobachtungen und dem daraus resultierenden Interesse für Absonderlichkeiten. An allen Fürstenhöfen gab es Zwerge, zumeist in der Funktion des Hofnarren. Bis ins 18. Jahrh. fehlte an kaum einem deutschen Fürstenhof ein »Kammerzwark«. Peter der Große von Rußland versammelte alle Zwerge des Landes an seinem Hofe und veranstaltete die berühmte Zwergenhochzeit.

Die wesentliche Funktion des Zwerges bestand in der Belustigung der Gesellschaft. Aus der Haartracht des römischen Zwerges, der glattrasiert war bis auf ein kleines Krönchen, dem Hahnenkamm, entwickelte sich die Narrenkappe mit Eselsohren und Glöckchen. Aus dem hölzernen Schwert des Komikers leitete sich das kurze Stöckchen mit dem Narrenkopf am Ende ab. Die Besonderheit des Hofnarren war seine Freiheit, jederzeit ungestraft die Wahrheit sagen zu dürfen. Das wurde allerdings nicht immer eingehalten.

Dieser besondere Status gab den Verwachsenen, den Abnormen, den Freaks an den Höfen einen quasi katharsischen Dauerauftrag. Elisabeth I. von England nannte einen Zwerg »Monarch«, weil er ein so großer Herr war, daß er keines Landes bedürfe. Peter der Große nannte seinen Hofzwerg »König von Sibirien«. Ähnlich wie die Pharaonen bedurften die Herrscher der Renaissance und des Barock der stetigen Erinnerung an die Vergeblichkeit und Lächerlichkeit ihres weltlichen Bemühens und ihrer Machtgelüste. Ähnlich wurde auch bei den Römern dem Triumphator auf seinem Zug durch die jubelnden Volksmassen ein Sklave oder eben manchmal ein Zwerg in den Triumphwagen mitgegeben, damit er nicht vergaß, daß er irdisch ist.

Die Größe eines Kindes, die Häßlichkeit eines Monsters, das Bewußtsein eines Erwachsenen, der durch Leiden bis zum Zynismus forcierte Witz, die körperliche Schwäche und – zuweilen – geistige Stärke: all dies verlieh dem Zwerg eine außergewöhnliche Position bei Hofe. Vom Kobold über den Spielkameraden der Kinder bis hin zum einzig wahrhaftigen Ratgeber erstreckte sich seine Tätigkeit.

Und all das (fast) immer im Kostüm des Narren.

BIBLIOGRAPHIE

Bleuler, W., Endokrinologische Psychiatrie, Stgt. 1954
Kind, H., Die Persönlichkeit und ihre Störungen bei präpuberal einsetzender Hypophyseninsuffizienz, speziell bei hypophysärem Minderwuchs, Schweiz 1963
Bekker, J., Dwergrei en sexueel Infantilisme (engl. translation), Leiden 1969
Kirchhoff, W., Schäfer, U., Hyperphysärer Zwergwuchs im Kindesalter, Hamburg 1954
Martin, M., Wilkins, L., Pituary Dwarfism: Diagnosis and treatment, London 1958
Horstmann, P., Dwarfism, a clinical investigation, Copenhagen 1949
Joachimsthal, Über Zwergwuchs und andere Wachstumsstörungen, Berlin 1899
Money, J., Studies in the psychology of dwarfism; I. Intelligence Quotient and school achievment; II. Personality maturation and response to growth hormon treatment in hypopituitary dwarfs, London 1964, 1966
Meyer, J. E., Zur Psychologie des hypophysären Zwergwuchses, Marburg 1967
Kahn, J. H., Human growth and the development of Personality, Oxford 1971
Palthauf, K., Über den Zwergwuchs, Wien 1891
Weniger, M. (Hrsg.), Gedanken zum Problem des Zwergwuchses, Wien 1954
Weber, A., Die persönliche Entwicklung hormonal behandelter hypophysärer Zwerge im Kindes- und Jugendalter, Basel 1969
Tietze-Conrat, E., Dwarfs and Jesters in Art, London 1957
Beneke, A., Siegfried und Alberich, Neue Tatsachen zur Geschichte der Frühzeit, Wingershausen 1937
Rühmann, H., Opfersagen des Hausgeist- und Zwergenkultes, Frankfurt/ M. 1939

Lütjens, A., Der Zwerg in der Deutschen Heldendichtung des Mittelalters, Breslau 1911

Fromm, E., Märchen, Mythen und Träume, Stuttgart 1957

Gutter, A., Märchen und Märe. Psychologische Deutung und pädagog. Wertung, Solothurn 1968

Schliephacke, B., Märchen, Seele, Sinnbild, Münster 1974